U0889292

悟世感言300条

艾丰／著

山东友谊出版社
Shandong Friendship Publishing House

目 录

第二版前言

1996年，本书以《文丰随感210条》为名发行了第一版。

当时，我还在《经济日报》总编辑的岗位上，这本书就成了我在人际交往中送给别人的一件礼品。送给过采访对象，送给过企业界的朋友，送给过政界人士，包括县、市、省（部）各级领导同志，还送给过宣传战线上的中央领导同志。君子之交淡如水。文化人，把自己的作品作为礼品，是想与别人交心，也是为了求得对方的指教，是件很自然很得体的事情，所以送出不少。当然，社会上也发行了一些。

陆续收到了一些令人鼓舞的信息反馈。有的人说，我把你的书放在床头，睡觉之前，翻上一二十分钟，阅读很轻松，也有一些收获。有位企业家见到我，就把书中“世界不是为你存在的”那一段背诵给我听，然后拿出手机，把上面抄录的这段文字给我看，问：“我背得不错吧？”有几家杂志和报纸以《智慧人生》为专栏，连载了书的摘录。一些年轻的朋友告诉我，他们很爱读其中的一些段子，受到不少启发。某位主管宣传的中央领导同志，有一次见到我说：“你那本书我看了，都像你说的那样吗？”我原以为他不会看我的书，他这样问，说明他阅读得很认真。于是我回答道：“随感算文学，一家之言而已。”确实，我是中国作家协会会员。

20年过去了，当时热心于本书的出版和赠送事务的《经济日报》副秘书长于勇同志，现在担任了中国经济报刊协会常务副会长，他多次鼓励和催促我把这本书再版。开始，我的积极性不高，觉得都是老生常谈了，再炒剩饭，意义不大。后又寻思，他的意见可能还是有一定道理的。

中国经济已经有了巨大的发展，社会各方面的现代化水平有了很大提高，特别是互联网的出现和发展，极大地改变了信息传播方式。信息大爆炸、信息碎片化，在改变了经济和社会格局的同时，也改变了人们的思维方式。现实的瞬息万变，工作的快节奏，使人们感到迷茫和压力。他们开始更深地思考生活，也开始追求线条简单的“慢生活”，有许多认识上和心理上的纠结，需要打开。

一个人对生活的理解主要来自亲身的体验和感悟，但别人的体验和感悟也有很重要的参考作用。有时它可以捅破一层窗户纸，有时它可以一语点醒梦中人，有时它可以警告迷途，有时它可以揭示风险。最善于学习的人是善于向别人学习的人，别人的成功提供了经验，别人的失败提供了教训，别人的感悟提供了智慧，向别人学习自己便可以避免付出一些不必要的代价。

如何打开纠结，走出迷茫？我国最早的经典《易经》告诉了我们最基本的方法。《易经》的哲学思维可以概括为六个字：“变易、不易、简易。”生活是千变万化的，但变化中有不变，凝练出其中最简易的要领，以观万变，以应万变，这就是悟世和处世之道。所谓随感录，就是对这类感悟的记录。

我的这本书，就是向大家奉献我半个多世纪的体验和感悟。本书的这次修改，在保留原有条目的同时，又增添了许多内容，毕竟又过了这波澜壮阔的20年。书名也改为《悟世感言300条》。

2016年3月

第一版前言

这是一本随感录。每一段话，都是有感而发。无病呻吟，令人讨嫌。引发这些感想或感触的事实和经过，不可能也没有必要在这样的著作中揭示出来。

从20世纪30年代到20世纪90年代，中国经历了战争年代、运动年代、建设年代、改革年代。这一个甲子，内容好丰富啊。我穿过这些年代，赶上不少矛盾和漩涡，“这辈子没白活”。

个人的道路起伏不平。九岁入队，十四岁入团，十八岁入党……“大红大紫”，有之；“大灾大难”，经过。政治上、经济上、生活上、学术上、脑力上、体力上，各种各样的酸甜苦辣都尝过。曲曲折折的经历，把我炼成一个“乐天派”。若问我对生活的感受，我只想用一句看似轻飘的话说：“生活，挺好的。”

年轻时很认真地记过日记，那时听说，凡是有大成就的人，都记日记。参加工作后，越来越忙，就不再记日记了。但总有些话，不写出来，就觉得憋得慌，怎么办？就干脆把它们凝成格言、警句记录下来，若干年过去，竟也写了好几本子。

这些语句，有时自己翻翻看看，觉得还挺有滋味。有时和别人谈话，还打开本子念上几句。没想到，对方往往很有兴趣，更有人鼓励我把它们整理出版。

于是有了这本小册子。

这里面的文字，不是科学，更形不成体系，只是杂感而已。

如果说还有什么东西贯穿的话，那就是我本人的思想，本人的体验，本人的思考，本人的世界观和方法论。

生活是一条汹涌澎湃的大河，谁都在生活，但许多人不懂生活，也从未认真思考过生活。

当然，谁也不能穷尽生活的真谛，周恩来同志说得好："活到老，学到老，改造到老。"

人都不是懂得生活之后才去生活，而是生活了才不断懂得。孔子说："……三十而立，四十而不惑，五十而知天命，六十而耳顺，七十而从心所欲，不逾矩。"这指的是那些认真学习和思考的人。有的人恐怕在他生活结束的时候，还没有懂得生活。

本书是对生活的片段思考。现在，我还认为，自己远远没有懂得生活，或者说有许多生活领域还不懂得。

每个人都有这样的时候：心里有话要说，但又无合适的对象可说。

于是就“自说自话”。这可能是他们喜欢记日记的一个原因。

我的这本书，就是想成为您的一个交谈对象。我愿意用这种方式和我的众多不见面的朋友交谈。

朋友，请接受我敞开的胸怀。

1996 年 12 月 26 日

人生篇

1）人生三个“三”

人生有三“在”

——在位，在职，在世。

“在位”，就是有个官当。手中有权力，应该利用权力多做好事。“在职”，从官位上退下来了，但还没有退休。“不在其位，不谋其政”，但总有好事可谋。“在世”，退休了，不在职了，但还活着，故曰在世。在世就要做事，总有余热可以发挥。

人生有三“立”

——立德，立功，立言。

立德是一生的事，晚节不保，是为大忌。立功是贡献，在位者手中有权力，容易立功。追求政绩是对的，但要防止片面政绩和虚假政绩。不在位了，旁观者清，也有时间了，更便于立言。立言是对已有经验的整理和提升，也可以有新的探索，立言可以帮助立功者立功。

人生有三“情”

——爱情，亲情，友情。

“生命诚可贵，爱情价更高”，爱情是人类最闪光、最激动人心的感情之一，也是文学的永恒主题之一。但爱情有一个重大缺陷，就是面不能宽，不能同时爱几个人。亲情是血缘关系，血浓于水，它是不可改变的纽带。但亲情也有重大缺陷，就是往往与工作发生矛盾，任人唯亲是要防止的，因亲情而枉法，更是要防止的。友情是情投意合的关系。它有特殊优势，与爱情比，它的面越宽越好，与亲情比，它与工作不发生矛盾，所以应该特别重视友情。

我从《经济日报》总编辑岗位退下来的时候，依据人生三个“三”写了一首诗：

方兴未艾是事业，

暖人心肺是友情，

酣畅淋漓是理想，

言犹未尽是人生。

2）人生“三为本”

人生主要做三件事：做人，做事，做官。

怎么做好这三件事？

做人以诚为本，

做事以实为本，

做官以民为本。

3）人生的“时间坐标”

孔子曰：“……三十而立，四十而不惑，五十而知天命，六十而耳顺，七十而从心所欲，不逾矩。”说的是人生的时间坐标。

现代科学研究表明，人如果不受到意外伤害，可以活到120岁。我们可以将人生分成两个阶段：60岁以前，是“规定动作阶段”，不管什么人，都要做同类的事情，60岁以后，进入“自选动作阶段”，做什么事就由人自己选择了。

春耕夏锄寻常事，
秋收冬藏乐丰年。
人生一百二十载，
符合时令节节甜。

不恋位，不恋栈，到什么时令唱什么歌，才是豁达人生。

4）人生苦恼之根——不懂四个“不是”

世界不是为你存在的，
社会不是为你建造的，
别人不是为你活着的，
境遇不是由你设计的。
不懂这四个“不是”，是人生苦恼之根。
明白这四个“不是”，才能真正找到人生中的“是”。

5）人生修炼之本——去妄想

佛教的基本教义可以概括为六个字：

“做善事，去妄想。”

“善事”，即有益于社会有益于他人的事；“妄想”，即不切实际的空想和幻想。

人都会产生妄想，能够及时清除者是为智慧，让妄想主导自己者是为愚蠢。

有些人想以实用主义态度，与佛搞“商品交易”，烧点香，给点小钱，就想让佛给他办大事，希望把他的妄想变成现实。这不是信佛，而是廉价用佛，坚持妄想，掩耳盗铃。

不信佛，也可以借鉴佛教教义，因为其中蕴含着人生智慧。

6）认识机遇

人生的轨迹是命运。决定命运的往往是机遇。

什么是机遇？机遇是一个主体得以实现主观愿望的充分条件。机遇是由人所处环境的客观条件演化而成的，只能发现和抓住，不按设计而生成，不随期望而降临。

机遇有两种，助你成功和幸福的是好机遇，让你失败和倒霉的是坏机遇。人的一生，好坏机遇都会遇到。好坏机遇的组合和它们对你的影响，就形成了你的命运。

构成一生影响的为“命”，构成一时影响的为“运”。以好机遇为主导的“命”，即为“好命”，以坏机遇为主导的“命”，即为“薄命”。决定人生的就是那么几步，关键时刻的机遇，至关重要。

“人的命，天注定”，是唯心的宿命论；“人的命，机遇定”，依然有些唯心但不否定人的主观能动性。德国的贝多芬两耳失聪仍成为大音乐家，他主张“扼住命运的咽喉”。“扼住命运的咽喉”，就是说对好机遇一定要抓住，对坏机遇一定要抗争。如果只是听天由命，没有正确全面的机遇观，好机遇会失去，坏机遇会得逞。

7）人生没有绝对公平

人的素质差别，人的机遇差别，人的主观努力差别，构成了不同人人生道路的差别。

人生的差别是绝对的，人生的公平是相对的。从绝对意义上讲，人生是没有公平的。

公平只存在于人们追求的理念之中，而不存在于现实生活之中。

谁想绝对公平地度过一生，谁就会苦恼一生，因为睁眼看见的多是不公平且不能改变。人类能够做到的只是减少不公平的范围和程度，但永远不能消灭不公平。

8）看黄山悟不公

中国有五岳：东岳泰山、西岳华山、南岳衡山、北岳恒山、中岳嵩山。从山、松、云观之，黄山的景色并不比五岳差，但就没有被列入五岳之中，这是不公平的。你能够找到责任人吗？你能够改变这种不公平吗？都不能。面对这样一个“山大的不公”，只能就这样了。

人的一生会遇到许多不公平，而且改变不了，你该怎么办呢？面对黄山“山大的不公”，你那点不公又算得了什么呢？

如此黄山未入岳，何叹世事多不公。

看来，坦然面对，泰然处之，是为上策。

9）天堂即地狱

说一个人懂不懂人生，要看他懂不懂天堂和地狱。

佛教所说的天堂和地狱都在来世，做善事的上天堂，做恶事的下地狱。其实，天堂和地狱都在人间。

人们总以为，天堂在天上，地狱在地下。其实不然，天堂和地狱就在同一个地方。

金钱是嗜财者的天堂，也是嗜财者的地狱。

权力是迷权者的天堂，也是迷权者的地狱。

名声是追名者的天堂，也是追名者的地狱。

美色是迷色者的天堂，也是迷色者的地狱。

难道不是这样吗？

钱、权、名、色，人生四大好事，但几乎所有的坏事都是由这些好事引发出来的。由于爱财、爱权、爱名、爱色，“无道”和“无度”，天堂就变成了地狱。

懂得天堂即地狱，切记“有道”和“有度”，才能有美好人生。

10）烧包

很多人有了权、钱、名、色，就要瞎折腾。为什么折腾？烧的，人们称之为“烧包”。

有了点权，总想摆摆架子，总想搞点特殊化，总想把权力放在法制和纪律之上而胡作非为，这就是权烧的。不一定是因为权大，主要是因为素质差，经不起权力的烧，很容易就被烧糊涂了。

有了点钱，财大气粗，总想摆阔，总想办点穷人办不到又很羡慕的事情，搞一些奢华的消费，有的人钱多了甚至走上吸毒的道路，这就是钱烧的。被钱烧坏了的人，也不一定钱很多，主要是因为素质差，经不住钱烧。

有了点名，就称大腕，耍大牌，口无遮拦，口出狂言，目中无人，目无法纪，什么都敢说，什么都敢做，仿佛谁也拿他没办法，这就是名烧的。被名烧坏了的人，有些是名副其实的人，更多的是名不副实的人。徒有其名，而无其实，所以很容易就被名烧坏了。

被色烧了的有两类。一类是拥有别人的美色，被别人的美色所烧，被烧得昏头昏脑，乃不知世界还有其他，种种极端的事情都做得出来。另一类是自己拥有美色，被自己的美色所烧，也被烧得天昏地暗，乃不知天高地厚，种种悲剧由此而来。

不要“烧包”！否则会无福消受。

11）人生追求

穷的想富，没钱的想有钱。

富的想贵，富了还想受人尊重，想有权。

贵的想雅，当了官还想有文化、有派头、有素养。

雅的想名，有了业绩的人总想当代有名，万古留名。

这是合理的追求，但要防止把它们变成非分的追求。

有钱、有权而无文，谓之土。

有名无权，谓之飘。名大而无权，常常处于尴尬的地位。倒是那些有权而无名的人，没有务虚名得实祸的危险。

但名声也是一种自我保护，因为如果足够有名，别人便不敢对你轻举妄动。

12）人生悲剧

人生有十大悲剧：

一是子女因被溺爱成了罪犯。

二是误进亲人送来的错药而死亡。

三是少年丧父，中年丧妻，老年丧子。

四是忠良为奸佞所害。

五是先驱不被人理解。

六是一世英明却晚节不保。

七是好心被误解，善心被曲解。

八是半途而废，功败垂成。

九是飞来横祸，无端而亡。

十是自认爱己，实则害己。

这些是显形悲剧，还有隐形悲剧，如有的人活了一辈子也没活明白。

13）最可怕的是愚蠢

有价值的东西被毁灭，是惨剧，不是悲剧，真正的悲剧是事与愿违。

好人被坏人坏心所害，是惨剧；好人被好人好心所害，才是悲剧。

在惨剧中，我们所恨的对象和所同情的对象是分开的，我们的仇恨可以向坏人释放。在悲剧中，我们所恨的对象和所同情的对象是合一的，悲剧的制造者和悲剧的受害者难以分开，我们的悲愤和仇恨向谁释放？在悲剧面前，我们的心胸常有一种憋得要爆炸之感。

悲剧之悲更在于悲剧制造者的不自知：悲剧发生前的不自知，悲剧发生后的不自知，乃至永远的不自知——他不知道自己到底干了什么！

悲剧的根子不是卑劣，而是愚蠢。曹操错信谗言，杀了华佗。这是卑劣造成的惨剧。人们因此痛恨曹操。华佗的夫人知道华佗被杀，她愚蠢地认为，自己丈夫之所以被杀，是因为他会治病，是医术惹的祸，悲愤之下，把华佗的主要医学著作全部付之一炬。这才是真正的悲剧。曹操用卑劣制造了惨剧，消灭了华佗的肉体，而华佗的夫人却用愚蠢制造了悲剧，消灭了华佗足以传世的精神财富！

面对华佗夫人造成的悲剧，所有人都应该冷静地想一想，自己有没有做过类似的愚蠢之事。

14）过去、现在、未来

人活着，有三个时间段：过去、现在、未来。

过去是已经经历的现实，虽然过去了，但往往决定你对现在的态度。有艰难的过去，就容易对现在感到满意和珍惜。有辉煌的过去，就容易对现在感到不满和失落。能否正确对待过去，往往决定了你对现在的态度。在对革命事业的继承上，我们说："忘记过去，就意味着背叛。"对侵略过中国的日本，我们说："正确地对待历史，是发展中日关系的重要条件。"大事情如此，一个人的生活道路也是如此。

未来是将来可能出现的现实。未来有多个可能。人对未来的思考和追求给现在以极大影响。有的人只讲愿望，不看条件，他的未来是幻想；有的人把理想当成了现实，把未来想要做到的，当成了现在已做到的；有的人对别人不服气，说将来我一定要超过你，牛气哄哄，其实就是错把可能的未来当成了现在。

现在最重要，任何人永远是活在当下的。现在连接着过去和未来。总是回忆昨天，总是幻想明天，而失去了今天，是最大的失误。把对过去的总结用于今天，把对未来的追求落实到今天，千里之行，始于足下，是把握自己人生的第一要义。

总结昨天可以提升自己，设计明天可以鼓舞自己，但人生最需要把握的还是今天。

15）成功和代价

成功和代价是双生子，成功和代价始终相伴。

争取成功要付出代价，包括物质的、精神的、体力的、脑力的、生活的、家庭的、健康的、自由的代价。成功越大，付出的代价就越大。这点从一切有成就人物的经历中可以看得很清楚。中国历史上就有“忠孝不能两全”之说。在电视剧中，一个敬业的警察可能会说：“我是一个好警察，但不是一个好丈夫，也不是一个好爸爸。”

获得成功后，仍然要付出代价。

一个干部当了大官，他必须付出“官身不由己”的代价，他失去了一般老百姓拥有的那种言谈举止的自由，在许多场合不能随意发表自己的意见，到哪里去，要由别人安排，严密的保卫成了难以摆脱的监督。

一个企业家发了大财，他必须付出应对“金钱压力”的代价。在生意场上他必须时时为避免亏损而劳神，在情感领域他常常为不能辨别交往者是爱他还是爱钱而苦恼，在社会上他必须能够面对别人嫉妒的白眼而泰然自若，在家庭中他必须为避免子女争夺遗产而操心，在安全上他必须时刻防范以获取他钱财为目的的人身加害。

一个医生成了名医，他必须付出“只救人无自我”的代价。大量慕名而来的患者使他难以应对，要面对的永远是那些别人难以治愈的病症，包围他的永远是那些苦苦哀求而又怀有希望的人群，他必须牺牲自己的休息和健康换取患者的健康和安慰，有时还要默默承受妙手并不能回春的责难。

一个演员成了大明星，他常常要付出“消失自我”的代价。人们只记住了他扮演的角色，但可能并不了解演员本人。提到陈强，人们想到的常常是黄世仁，而陈强本人如何大家可能并不知道。

在保密部门、情报部门工作的人，如果成功了，更要“消失自我”。

人们都追求成功，但常常没有做好付出代价的准备，特别是没有做好成功之后仍然要付出代价的准备。没有做好付出代价的准备，以后可能会付出更惨重的代价。

16）要付足代价

买东西要付钱，而且要给够钱；成功要付出代价，而且要付出足够的代价。

这个要付出的代价就是成本。成本当然是越低越好，但不能低于底线。低于底线即为不足和不够。

企业要正常运行就要付出三种成本：生产成本、销售成本、风险成本。

做事也是如此。把事做好是付出“生产成本”，让领导和社会承认是付出“销售成本”，应对各种突然的变故和干扰是付出“风险成本”。许多人只有付出生产成本的准备，没有付出销售成本和风险成本的准备，因而不能成功。

社会篇

17）普世价值是真善美

判断社会事物最基本的标准是真善美，它的对立面是假恶丑。

什么是真？符合客观实际，符合客观规律是真。

什么是善？“利他”和“利群”是善。

什么是美？使人愉悦的特质是美。

科学求真，道德扬善，文艺展美。

不同国家，不同社会，不同阶级，不同人群对真善美的解释各不相同，但真善美这个标准是谁也不敢推翻，也推翻不了的。

回顾过去可以发现，我们做对了的，都是符合真善美的，做错了的，都是违背真善美的。真善美应该是全社会的核心价值。

18）存在两种逻辑

任何社会都有两种对立的逻辑：真善美逻辑和假恶丑逻辑，也都有按照这两种逻辑行事的人。当你判断社会事物及人的好坏时，首先要判断的是其遵循哪种逻辑。

有人从不说假话，有人说假话比说真话还自然。

有人对人总是用好心，有人则相反，总是用坏心。

有人总是想帮助别人，有人总是想算计别人。

有人为别人的成绩而高兴，有人总是不时燃起嫉妒之火。

有人占了便宜感到难受，有人则把没有占到便宜看作吃亏。

有人追求高尚追求美，有人则毁灭高尚毁灭美。

有人看到美好的东西毁灭而痛心，有人则从毁灭美好中获得最大乐趣。

有人为别人的健康支出了自己的健康，有人则从别人的痛苦中寻求自己的快乐。

有人总以好心想别人，有人则不相信别人会有什么好心。

要懂得两种逻辑，“害人之心不可有，防人之心不可无”。

19）记住有两种人

社会上的人存在着两个极端。

最可靠的是人，最不可靠的也是人。

最善良的是人，最凶恶的也是人。

最美丽的是人，最丑陋的也是人。

最聪明的是人，最愚蠢的也是人。

两个极端之间，是占大多数的普通人。

20）假恶丑总在研究真善美

假恶丑总在研究真善美。

假恶丑对付真善美的办法就是冒充真善美。以假乱真，以恶乱善，以丑乱美。

假恶丑和真善美最大的区别就在于内容和形式是否统一。真善美的内容和形式是统一的，它不需要用虚假的形式掩盖真实的内容；假恶丑的内容和形式是不统一的，它必须依靠美丽的形式掩盖丑陋的内容。

坏人做坏事，必然会研究怎样用做好事的表面来掩盖自己做坏事的事实。有时坏人好事做得好像比好人还要地道。

坏人总在研究好人，研究怎样假装好人，欺骗好人，利用好人。他们阴谋得逞的关键是抓住了好人的弱点。

好的东西，特别是公认的好的东西，便成了坏人重点进攻和利用的对象。假冒自然主要是假冒名牌；利用别人，自然也是要利用有名望、有权威的人物。

21）真善美怎样战胜假恶丑

真善美和假恶丑之间的攻防战，是人类社会中一直持续进行的战争。

真善美的战略与其说重点在于进攻，不如说重点在于防守。当假恶丑不能冒充真善美时，它也就灭亡了。

真善美的战略与其说重点在于微观，不如说重点在于宏观。从微观上看，假恶丑的人和事常常研究得细致，策划得周密，实施得严谨。但从宏观上看，人类社会总是不停地在历史长河中前进着，真善美的东西总会战胜假恶丑的东西。细想起来，别无他因，只因真善美是在阳光下生长的，而假恶丑见不得阳光；真善美总是对多数人有益的，而假恶丑总是对多数人有害。

公开透明，既是进攻，也是防守，是真善美战胜假恶丑的最基本的方法。什么地方假恶丑的东西泛滥，你不用问，那里最缺少的肯定就是公开透明。

暴露在阳光之下的东西，是不会发霉的。

制造封闭和阴暗者，不是假恶丑本身，就是假恶丑的朋友。

22）最大的善事是好制度

人性善，还是人性恶？对人应该善，还是应该恶？自古以来争论不休。

单纯地主张行善，可能被批评为“纵恶哲学”。你对行恶者也行善，他就可以肆无忌惮地作恶，甚至直接作恶到你的头上。你的善转化成了恶。

单纯地主张行恶，可能被批评为“缺德哲学”。既然应该对人恶，那么做什么坏事、恶事也都是应该的了。

看来，单纯地主张行善、主张行恶，都有懈可击。那么来个折中，对善人行善，对恶人行恶吧。可这在操作上又有很大困难。善人恶人的标准由谁来定呢？

人们在这个怪圈中转来转去，行善者叹息“善门难开，善门难闭”，用“善有善报，恶有恶报”来安慰自己。

其实，人类早就发明了解决这个问题的好办法，那就是社会制度和法律。按既定的制度和法律判断善与恶，按制度和法律对待善人和恶人。

对人做的最大的善事就是建立一个好制度。人类的历史，基本就是社会制度不断进步的历史。今天的改革也是为了建立一个好制度。邓小平说，好制度可以使好人容易办好事，使坏人不容易办坏事，说的就是这个意思。所以，改革开放是最大的善事。

23）纵横之道

纵横之道，古已有之。合纵强秦，连横抗秦。

社会结构也有纵横之道。

中国社会历来是以纵为主的国家，主要靠“上管下”，基本没有“下管上”。中央强大，则吏治比较清明，中央衰弱，下又不能管上，则吏治必然腐败。

市场经济造就了以横为主的社会，靠平等竞争运行和发展。社会管理变得越来越扁平。

中国的改革开放，就是要造就一个纵横结合的社会。依靠横的力量才能克服“上管下”的弊端，才会有“下管上”的可能。这就是中国要做的创新。

24）“社会五行论”

《易经》讲阴阳五行。五行者，金、木、水、火、土也。

社会也应该按照五行建设和运行。

经济、财富、金钱，物质利益是社会之“火”。 没有经济利益，没有钱，社会火不起来，凡是社会最火的地方，都是经济最发达的地方。

社会制度是决定社会架构之“木”。火要靠木，没有木，火烧不旺，烧不大。

科学技术、生产工具是社会生产力之“金”。木要靠金，没有金，木伐不来；没有金，木不能加工。

道德文化是社会运行之“水”。火烧过了头，就会酿成火灾，结果是社会架构被烧了，人也被烧得不讲规矩，利令智昏。于是需要水，要由水来灭过大的火。道德建设由此成为必要。

资源环境是社会发展之“土”。土是基础，土养水，土含金，土生木。资源对于文化、科技、制度都会产生极大影响。这就是资源之争往往成为各国之争焦点的原因。

懂得了社会五行，就懂得以上五个方面都不能少。五个方面要互相制约和促进。

25）是“市场经济”，不是“市场社会”

改革开放建立的是市场经济，不是市场社会。经济要市场化，不等于政治也要市场化、文化也要市场化、伦理道德也要市场化。

社会的许多领域是不能市场化的。官场能够市场化吗？买官卖官显然是不对的。社会保障体系能够市场化吗？社会保障不是等价交换的。家庭能够市场化吗？谁挣钱多谁就牛，其他人都没有地位，行吗？亲情少了，就是因为市场化多了。

人们对这个问题认识上的误区，严重影响着社会，也严重影响着人际关系。

26）选择制度首先是匹配

不同社会，有不同制度。判断制度好坏的第一标准应为是否与社会现实相匹配。

马克思研究了人类社会的不同制度，指出，生产力决定生产关系，生产关系决定上层建筑。离开这三样东西去判断社会，说它好，说它坏，喜欢它，或者骂它，都是没有根据的。

美国人将社会划分为“民主社会”和“独裁社会”，说民主是好的，独裁是要不得的。所以，其利用自己的实力，在中东一带推翻了一些“独裁社会”，建立起“民主社会”。结果呢？这些国家乱了套，老百姓在“民主”下过的日子，还不如“独裁”的时候，其原因是制度和社会现实不匹配。美国是做了好事，还是坏事呢？

习近平在谈到社会制度的时候说“鞋子合不合脚穿着才知道”。鞋要和脚匹配，这就是社会制度的匹配论。

27）想懂社会先要懂得人性

社会是由人组成的，没有人就没有社会。人是受社会制度约束的，但人总是不断按照自己的需求改变着制度。

人的需求是由人性决定的，懂得人性，才能懂得社会制度发展的方向。

“人性论”是曾被作为修正主义理论批判的。过去多年，谁也不敢粘“人性”二字的边。

马克思讲：“人是社会关系的总和。”孟子讲：“食色，性也。”人性是人的自然属性和社会属性的融合。社会关系离不开衣食住行，衣食住行离不开社会关系。

社会进步的标志，就是不断满足人们的需求和追求。社会制度发展的方向，不管用什么语言来表达，这一点是不变的。否则就不是正确的理论。

28）要懂得人的多重性

要理解人生、理解社会、理解人与人的关系，最关键的是要理解人的多重性。

人可以分解为数种人：自然人、生产人、经济人、政治人、文化人、道德人、理智人、情感人。

自然人——这是作为动物的人。生物学家把人类称为“灵长类”。医学也是从这个角度研究人的。

生产人——这是作为劳动力的人。人会劳动，正是在这一点上，人类和其他动物相区别。人类学家以劳动工具为线索研究劳动如何改造人类，经济学家则把劳动力当作生产力中最活跃的要素。

经济人——这是生产关系中的人。经济人是利益人，主要是物质利益人。但人们都是在具体的生产关系中获取利益的。由于人们在生产关系中的地位不同，人与人之间的区别增大了，制度化了。在阶级社会中，人们分成了不同的阶级。在非阶级社会中，人们仍然以此分成不同的阶层和不同的集团。经济人既是经济学家研究的对象，更是政治家研究的对象。

政治人——这是社会权力关系和权力斗争中的人。权力是政治的核心。国家层面的权力、集团层面的权力、个人层面的权力，这三个层面的权力的交织，决定着一个人的政治倾向和行为。

文化人——这是社会意识形态中的人。文化的基本内容是人们对“真善美”的判断和思考，既是多元的，又是多样的。文化人是文化共性和文化个性的统一。

道德人——这是社会伦理道德中的人。这里人们最常使用的标准是“善”和“恶”，判断善恶的基本标准又是“利己”和“利他”。

理智人——这是以抽象的理性思维指导自己言行的人。他崇尚和遵从的是本质、规律、道理。

情感人——这是作为情感载体的人。人有性格，有好恶，有七情六欲，有喜怒哀乐。

人是这八种人的统一体。自然人是生命，生产人是贡献，经济人是利益，政治人是地位，文化人是层次，道德人是基础，理智人是水平，情感人是血肉。

不同的人，八种人的构成关系不同。有人长于经济人，而短于道德人，有人长于理智人，而短于情感人，等等。

不同领域需要从不同角度研究人。用道德人的标准去研究经济，或用经济人的标准去研究道德，都会文不对题。

明白了人的多重性，才能在不同人生领域中给自己和他人以恰当定位，做到到什么山上唱什么歌。

29）防止角色错位和偏执

社会上常常发生不同人之间的纠葛和纠结。

道德人常常谴责经济人过分迷恋钱财；经济人则认为道德人的“安贫乐道”是一种无能和愚蠢，常常以自己的富足耻笑道德人的穷酸。

文化人自命清高，以超然自居，常常看不起政治人的世俗和势力，他们认为“学术”是如此之纯洁和神圣，“权术”是如此之肮脏和卑下，认为政治人大多是“政客”；政治人则认为文化人是最难以统治的人群，是最不懂世事而又最好发表议论的“刺头”和“书呆子”。政治人不应该把文化人作为自己的奴仆，更不要将其作为自己的对手，而应该与他们成为朋友。

理智人认为以文艺界为代表的情感人“感情用事”“感情放纵”，只可欣赏而不可信任；情感人认为理智人“冷若冰霜”“不识人间烟火”，甚至“不懂人味”。

如此等等。

不同的人总好以己之规，律他人之事，以己之长，攻他人之短。这就是角色偏执。社会的许多矛盾就是由此产生的，而且长期解决不了。

如果角色偏执发生在同一个人的身上，作为经济人的我和作为道德人的我打架，作为文化人的我和作为政治人的我打架，作为情感人的我和作为理智人的我打架，那就是纠结。

解决纠葛和纠结的办法，在于以包容之心寻求不同人之间的和谐。

30）最高的是历史

不同的人对一个国家的发展道路总有不同见解。不同的人对于中国近代发展也有不同看法。有人说，如果“康梁变法”成功就好了；有人说，如果孙中山民主革命成功就好了；更有的人说，中国以前如果被全面殖民化就好了，现在全国都会像香港一样。

谁给这些争论下结论呢？不是理论，而是实践，是已经成为事实的历史。

社会上的最高权威，不是理论，不是愿望，不是“如果”之类的假设，而是已经确定了的历史。人们只能研究历史，并从中得出结论，而不能抛开历史，作“如果”式的设想。

青年人不了解社会，容易被一些“异端邪说”所蛊惑，往往是因为不了解历史。

一般地了解历史不行，必须把历史放在最权威的位置上。

31）历史会留下痕迹

历史会留下足迹。一个大的浪潮过后总要留下痕迹。

“日不落帝国”不再“日不落”了，但它在全世界留下了英语。

每一个民族都需要思考，我掀起过怎样的浪潮，我留下了什么痕迹？

32）什么是现代化

现代化的第一个内涵是社会化。原来一家一户的事情，越来越多地变成了全社会的事情。自然经济，小农生产是一家一户的事情，近代工业发展，经济活动产业化了，就成了社会的事情。现代社会，许多家务事都成了社会的事情。

现代化的第二个内涵是科技化。科学技术在一切领域发挥了越来越大的主导作用。于是，人类原来做不到、做不好的事情，都可以做到和做好了。

现代化的第三个内涵是联通化。原来不能联系的事物，联系不好的事物，都联系起来了，而且联系得很好。原来的单向联系，变成了双向和多向联系。互联网和物联网的发展是其代表。时空关系改变了，地球变小了。

现代化的第四个内涵是多样化。世界在变得越来越统一的同时也变得越来越多样。社会活动的多样化，经济活动的多样化，产品的多样化，消费的多样化，文化的多样化……

现代化的第五个内涵是个性化。过去，社会关系中整体对于个性的制约是主要的，随着现代化的发展，个体对整体的诉求，整体对个体的满足越来越成为主导。在社会的各个领域都是如此。

33）社会平等辩

平等是社会最普遍的追求，“不平等”成了“不合理”的同义语。最常见的鼓动是：“要建立一个平等的社会。”

其实，人们对平等的理解是很肤浅的。

平等主要是对奴隶社会和封建社会制度的批判，近代和现代社会在平等方面已有极大进步，主要表现在法律面前人人平等。没有平等就没有法治社会。红灯停，绿灯行，一切车辆都必须遵守，如果有的人可以不遵守，这个规则就无效了。

绝对平等只存在于规则中，一加入具体内容，就失去了绝对平等。同样制度下，一个山村贫困人家的小孩和一个城市富裕人家的小孩，生下来的物质条件就不平等。改革开放，一切公民都可以富起来，这是平等的，但实际上总会是一部分人先富起来。美国宪法规定，每个美国合法公民都可以竞选总统。这是平等的，但没钱人能够和有钱人一样平等地参加竞选吗？

“原则平等”和“实际平等”不是一回事。原则平等也会导致实际不平等。这是我们要理解平等必须掌握的一点。恩格斯写的《反杜林论》，批判杜林的“平等观”，告诫人们不要抽象地追求平等，他最后的结论是：对于无产阶级来说，除了消灭阶级，其他都是空话。

平等不是最高的。社会是在平等和不平等的辨证统一中发展的。

社会有时是在实现平等中进步的，有时是在实现不平等中进步的。改革开放的突破，首先是允许新的不平等，允许一部分人先富起来，打破旧的平等，取消大锅饭。

盲目地追求平等，追求绝对平等，面对不平等，不做分析就发出愤懑的呼声，是烦恼的根源。

“这不平等！”是造反者、在野者对当权者使用的最好的舆论武器。因为它有极大的鼓动性和号召力。

笼统地许诺实现“平等”，是当权者最危险的误区。因为如果你兑现不了自己的诺言，会惹来更大的麻烦。

平等，永远是人们的追求，永远是人们烦恼的理由，永远是人们必用的杠杆，永远是诱人的误区，永远是人们推崇的原则，永远有更新的内涵。

34）社会自由辩

第一，自由是什么

自由的本质如恩格斯所说：“自由是认识了的必然。”符合必然，才有自由。想拔着自己的头发离开地面，无人可以实现这个自由，因为它不符合地心引力规律。自由是建立在对自然界和人类社会两方面必然认识的基础上的。

自由的实现受到两个方面的制约：一是条件制约，要看社会是否为你提供了实现这种自由的条件；二是后果制约，要看你的自由是否影响了社会的正常运行和他人的自由。“想干什么就干什么”的自由是不存在的。

第二，自由的条件

自由和民主攀亲，才有政治上的自由；

自由和科技攀亲，才有生产上的自由；

自由和经济攀亲，才有消费上的自由；

自由和文化攀亲，才有思考上的自由。

有了这一切是否就有了自由？未必。人们还要学会认识自由、享用自由。

第三，自由的层次

自由有三个层次：思想自由，言论自由，行动自由。

思想自由最容易实现，因为它需要的条件少，对他人的影响小，社会对思想自由的容忍度也最高。思想自由是人类文化进步的重要条件。思想自由一般是难以禁止的，谁也不能限制别人想什么。即使是在唯物主义理论占主导地位的国家,也不能禁止人们信仰宗教的自由。禁止思想自由是愚蠢的，费力不讨好，但思想是可以引导的。

言论自由比思想自由的自由度要小。因为说话必须有根据，不能想说什么就说什么。说话对社会、对他人有影响，不能有害社会，有害他人。攻击宪法，没有自由；造谣生事，没有自由；诽谤他人，没有自由。有些话能说不能说，不光有对错问题，还有场合问题。长辈诊断出癌症，多数人不会如实告诉对方，感情使然；地下党员被捕，说出真话，是叛变；把真实的机密告诉外国人，是间谍。

行动自由比言论自由的自由度还要小。行动自由既要受到法律、纪律的硬约束，也要受到道德、习俗的软约束。凡损害社会、损害他人的行动，都没有自由。任何人都没有违法乱纪的自由。不孝敬父母，要受到道德的谴责；不讲场合暴露身体，也为社会习俗所不允。

第四，自由的修炼

人的自由度随着修炼而扩大。孔子说："……三十而立，四十而不惑，五十而知天命，六十而耳顺，七十而从心所欲，不逾矩。"他说的"不惑""知天命""耳顺"，都是自由度的标志，可以衡量一个人的进步。而达到"从心所欲，不逾矩"，则是人们应该追求的进入"自由王国"的最高境界。

人的自由度是人的成熟度的标志。如果你总是感到不自由，可能是因为你还没有成熟。

领导把一个人放到独当一面的重要岗位上，是因为相信他对自由度的把握。如果一个人始终固执己见，或者毫无主见，谁敢给他更大的权力？

35）选择的自由和不自由

选择是自由和不自由的综合体。

有的事情你可以选择，有的事情不由你选择。父母不能选择，出身、籍贯、民族、国度不能选择，生活的时代也不能选择。

由你选择的，又要受到各种条件的制约。人人都有选择的理想，但从来没有理想的选择。任何选择都是现实的选择。即使是最出色的演员，也只能在现有的舞台和剧本的条件下表演；不管多么伟大的政治家，也只能在现有的社会条件下改变社会；即使是自由恋爱也常常不能找到理想的对象，只能在可能接触到的异性中选择。

每个人都有自己的选择标准，但最后都要屈服于现实；选择时选优不选劣，但有时只能在“矬子里面拔将军”；选择时选利不选弊，但利弊总是共生的，只能权衡利弊大小。

于是，选择成了困难的事情，有时甚至是痛苦的事情。有人承受不了选择的折磨，宁可放弃自己选择，逃避选择。他们把选择的权利交给别人，主要是交给权威。

36）不是罪的罪

有些罪不是罪。

大家都想做，但别人没有做到，你做到了，或者先做到了，于是成为“罪”。你发了大财，当了大官，出了大名，都是别人想做没有做到的，于是你有了“罪”。在别人还没有私家车的时候，你先买了车，在别人还没有自己住房的时候，你先买了房，于是你就有了“罪”。

这不是法律上的罪，而是有些人心头上的罪。

不是罪，但有些人把它看成罪。处于开拓地位的人要有这种警觉啊！正如鲁迅曾说过：“第一个站起来的猴子是要给别的猴子咬死的。”人类现在并没有彻底摆脱猴子的习性。

37）老子和儿子

僵化的老子可能有一个自由化的儿子；

伟大的老子可能有一个弱智的儿子；

发家的老子可能有一个败家的儿子。

转化之快，令人吃惊。

38）时髦中有盲从

没有交往就没有流行，没有流行就没有时髦。

时髦之所以不可忽视，是因为它有一种裹挟力。它像一阵风，风吹草动、风来树摇。时髦若与政治结合，甚至可能成为台风。

时髦之所以流行，是因为追逐时髦的人有许多是盲从者。现在的所谓“粉丝”，许多就是这样的盲从者。

越肤浅的社会，越容易流行盲从。盲从可能造成可怕的后果，但盲从者却不自知。

39）用两只眼睛看社会变化

要用两只眼睛看社会变化。即使是进步的变化，有时也要付出退步的代价。

近现代工业化的发展是巨大的进步变化，但它带来了地球自然环境的破坏，导致了人类生存环境的危机。

规模化生产创造巨大的经济效益，但它消灭了产品的个性化和多样化，消灭了各种手工绝活。

城市化发展创造了新的文明，但它把人类装进了水泥盒子和水泥森林，消灭了许多的历史文化传承，使人们离开了山水和乡愁。

汽车被称为改变世界的机器，方便了人类的出行，改变了人们的生活方式，但它也带来了拥堵、污染等问题。

现在的互联网正在更大深度和广度上改变着社会，它用新的信息传播方式打破了时空制约，建立了全新的经济和社会结构，改变了人们的思维方式，但人类将要为此付出怎样的代价现在还不甚清楚。人们整天沉溺于碎片化的信息，花大量时间低头看手机屏幕，许多人把虚拟世界当成了现实世界……这将会付出怎样的代价呢？

恐怖主义是一个谜，在世界文明已经发展到如此地步的今天，在世界信息已经交流得如此畅通的今天，为什么有些人会信奉毁灭一切人类文明、完全无视人性的所谓主义呢？

用两只眼睛看世界，从对立统一的角度思考世界，在当今社会显得尤为关键。人们总是容易重视利益而忽略代价，屈从眼前而不顾长远，满足于表面的轰轰烈烈，而不愿意在更深的层次上去发掘和思考。

政治篇

40）政治的核心是国家权力

孙中山说，政治就是管理众人之事。他说的是政治的内容。

马克思说，政治是阶级斗争的集中表现。他说的是阶级社会中政治的实质。

阶级国家消亡了，但众人之事永远需要管理。能否管好仍然要看国家管理机构的状况。

政治的核心是国家权力。任何政党最关心的是自己和国家权力的关系。

41）政治制度：国体和政体

政治制度的阶级内涵是国体，政治制度的实现形式是政体。

政治制度的核心矛盾是官民关系。古今中外都是如此。唐太宗李世民说："君，舟也；人，水也。水能载舟，亦能覆舟。"说的就是这个问题。

政体是政治制度的直接现实，人们的行为直接受政体影响。政治改革主要是政治体制的改革。当西方政治家批评我们不民主的时候，我们回敬的是：“你们是假民主，我们是真民主。”从国体来说，没有错，但从政体来说，这样的回答是文不对题。

资本主义为什么腐而不朽？一是科学技术高度发达，经济发展改变了阶级关系；二是它的政治体制设计得比较巧妙，缓解了官民矛盾。这是新生的社会主义政治体制应该借鉴的。

42）统治好比驯牛

掌控国家权力，传统的说法就叫“统治”。

统治一个国家好比驯牛。统治一个自然经济的国家，好像骑在一头老水牛上，运动节奏缓慢，路线比较单一，政权延续的时间一般比较长。统治一个现代化的国家，好像骑在西班牙斗牛上，它不让你驾驭，总想把你翻下来，政权延续的时间就很短。不仅转型中的非洲国家经常换政权，许多发达国家也在不断换政府、换政党。

能够持续统治一个现代国家者，即为伟大，因为他能够在西班牙斗牛身上停留那样长的时间。

在现代化国家，如何才能长时间持续执政，是执政党面临的最难的课题。

43）权力不是我说了算

国家权力是“公权力”，不是“私权力”。所谓“公权力”就是公家授予的为公办事的权力，不能以权谋私，不能假公济私。

掌权的人要记住三句话：

权力有来源，

权力有规则，

权力有体系。

44）位、权、威

位、权、威是互不相同又互不可分的三个概念。

没有位子，就没有合法的权力。但有了位子不等于就有了相应的权力。没有足够的能力，就会成为有职无权的空架子。

有了权力不见得就有了相应的威信和威望。有的领导者只能靠权力办事，没有威信和威望支撑和帮助，权力的作用便打了很大折扣。

只有位、权、威三者统一，才有完整的权力。

掌权者要依靠两种力量：一种是权位本身给你的力量，你占据了那个位子你就可以发号施令；一种是个人素质的力量，即人格的魅力和人格的感召力。

素质不行，只靠位子，这样的人往往有权无威，许多事情做不好。

只靠素质，不懂利用位子的力量，也是一种很大的偏颇。要知道，位子的力量是最实在的力量，是制度的力量，是基础性的力量。不善于利用这个力量，也做不好事情。

45）政治观点的根基是利益

政治观点是决定一个人行为的最重要的观点，同时又是最难改变的观点。

政治观点，总是或直接或间接地与一个人的利益联系在一起。政治斗争有理论斗争，但理论斗争的根子在利益斗争。理论斗争是为利益斗争服务的。

一切政党和从事政治的人，都要找到自己的理论支撑点，不是个人利益的支撑点，而是社会利益的支撑点。对于革命党来说，所有理论的意义就在于让人民群众认识到自己根本利益之所在，明白怎样为自己的利益而斗争。对于执政党来说，最大的政治就是让最广大的群众最大限度地获得利益。不是让群众服从自己的理论和纲领，而是让理论和纲领代表人民的利益。

抓不住社会利益，就抓不住政治要害。

46）政治是严峻的

毛泽东说：“政治是不流血的战争，战争是流血的政治。”谁要投入到政治中去，就要理解这前半句。把政治当儿戏的人，都吃了大亏。政治是严峻的，开不得玩笑，来不得随意，甚至容不得轻率。

政治的严峻性来自权力的排他性。宏观的权力、微观的权力都有排他性。究竟听谁的？不能每个人都说了算。

玩世不恭的人，切记不要玩政治。

47）政治数学

政治有自己的特殊数学。

政治方向、倾向、路线是正负号；个人水平、才能、能力、业务、知识是绝对值。

你本事大，绝对值是 5，但政治倾向和我不同，在我看来你就是“−5”。你的本事小，绝对值是 2，但政治倾向和我相同，在我看来，你就是“+2”。

是“−5”大，还是“+2”大？

48）执政和在野

一般说，执政的是当权派，在野的是反对派。

在野者的特征是“否”，批评时政，批评当权者，只说“否”就足以达到他们的政治目的了。

执政者的特征是“是”，必须告诉人们什么是对的，还必须让多数人也认为是对的，才能达到执政的目的。

在野者的思想和行为方法，是“攻其一点，不及其余”，用一个角度就可以奏效。

执政者的思想和行为方法，必须是“抓住重点，兼顾其他”，必须综观全局才能奏效。

在野者可以用唱高调的办法提高群众的期望值，既能够获得群众的喝彩，又给执政者出了难题。

执政者必须小心翼翼、稳中求进，压低群众的期望值，因为他不仅要许诺，更要兑现。

因为在野者的言行容易做，且容易讨好，有些执政者容易误用在野者思维和言行来执政，这是很大的误区。由“造反党”转为“执政党”，最容易忽略这个转变。

49）政治中的异同

只看见不同点，看不见相同点的人，将陷于悲观。

只看见相同点，看不见不同点的人，将陷于被动。

重视和团结好具有相同点的人，警惕和研究不同点较多的人，才能取得主动权。

50）火柴和大楼

谁能用一根火柴点燃一座大楼？

没有人能做到，但是——

一根火柴可以点燃一张纸，

一张纸可以点燃一个纸篓，

一个纸篓可以点燃一个书桌，

一个书桌可以点燃一面窗户，

一面窗户可以点燃一个房间，

一个房间可以点燃一座大楼，

于是一根火柴点燃了一座大楼。

如何保护大楼不被火烧？

禁止滥用火柴，是下等办法；

在任何一个中间环节都能够及时加以阻断，是中等办法；

推广阻燃材料，使所有这些物件根本就不能燃烧，是上等办法。

见微知著，防微杜渐，防患于未然，是为术；

改变结构，改变质地，使其不会燃，是为道。

51）政策与现实

科学是对客观规律的总结。正确的政策必须把科学和现实结合起来。

慈善的母亲学了许多营养学知识，但她不知道孩子的状况和需求，一把一把地让孩子吃各种维生素，结果把孩子吃坏了。

最糟糕的是这样的政治家，他肚子里装着一整套理论，有许多治国安邦之策，但不知道现实的“病”在哪里，上手就开出一系列药方，过犹不及，适得其反。

吃透现实是政治家最重要的基本功。

“问题倒逼”的工作方法，就是防止药方不对症的方法。因为问题是现实矛盾的显现点。

52）有两种政治

最肮脏的是政治，

最能清除和涤荡社会污泥浊水的也是政治；

最可耻可恨的是害人的政客，

最伟大可敬的是推动社会进步的伟大政治家。

最卑鄙的是政治，

最高尚的也是政治。

53）革命是什么

革命是反对已有的东西，但反对已有的东西并不就是革命。

反对已有的腐朽的东西，反对阻碍社会进步的东西，才是革命。反对已有的但并不腐朽的东西，反对并未阻碍社会进步的东西，决不是革命。

“怀疑一切，打倒一切”，凡是已有的东西都反，“文化大革命”期间，搞打倒封资修，一切都反，我们称之为极左，害人不浅，害国不浅。

以反现实而标榜自己为“彻底革命”的人，就是用这点欺骗不懂革命的人。

仅仅从义愤出发，反对腐败的东西，包括从个人意愿出发反对这些东西，至多可以叫“揭露”和“批判”，不但批判腐败的东西，又提出用什么新东西替代它，才叫革命。

如果不是这样，那些看什么都不顺眼，整天随意骂娘的人，就成了最大的革命家了。

54）什么是改革

改革不是革命，改革只能说是一定意义上的革命。

革命是推翻现有主体，主要是现有政权。改革不推翻现有主体，而通过制度和政策的改变，维护和巩固现有政权。

从这个意义上说，中国几千年，革命太多了，改朝换代不少，而改革太少了，制度更新不够，所以最后落后了。

执政党只有不断推进改革，才能长期持续执政。

55）先驱之可敬

政治先驱是孤独的，危险的，其命运往往是悲哀的。

他是走在人群前面的极少数，他看到的是众多的人无法理解的。所以是孤独的。

他在走前人从未走过的路，是在无路中探索路，走错路、走弯路是难免的。所以是危险的。

先驱之所以失败，往往并不是因为错误，而常因为虽然正确但条件不具备。

科学实验允许失败，人们容易接受。每次失败都可以看作一个成果，它至少说明了“此路不通”。政治先驱的失败虽然也有这种作用，但人们往往难以原谅，甚至把他当成反面人物载入史册。先驱可能成为罪人。

懂得先驱人物之可敬的民族，才能成为伟大的不断进步的民族。

56）什么是政治家

只研究理论，不研究人，不研究社会现实，下等者是书呆子，上等者也只是经院理论家。

只研究人，只琢磨世俗，不研究理论，不讲求大原则，下等者成为“混子”，上等者成为“政客”。

研究理论又研究社会，琢磨世俗而不屈从于世俗，方能成为政治家。

政治家和理论家不同。理论家是维修师，他能够发现汽车的毛病，并提出维修的方案；政治家是司机，他掌握方向盘，最关注的是道路的状况，思考的是如何绕过前方的障碍，继续前进。两者的分歧往往由此产生。

如果一个人既是政治家又是理论家，那么他定是伟大的政治家和理论家。

57）政治家的力量

政治家的力量不是个人的力量。政治家靠社会力量形成自己的力量。因此，政治家必须善于发现社会力量之所在，必须善于分析社会力量之性质，区分可依靠的力量、可团结的力量、与己对抗的力量，并区别对待之。政治家要进步，最重要的是发现进步力量之所在，代表它、运用它，这样自己就有了力量。

政治家主要是靠权力的力量驾驭社会。政党的力量、政权的力量、军队的力量、群团的力量、法律的力量、行政的力量、思想的力量，一起构成权力的力量。

政治家还要善于利用策略的力量。策略的实质是杠杆。通过恰当的杠杆，正确处理各种类型、各种性质的力量之间的关系，把作用力释放到自己期望的地方，这就是好的策略。

伟大的政治家有个人魅力的力量，这个力量虽然离不开上述综合力量，但它有独特的作用。只靠综合力量的政治家，只能是“领导者”，同时具有个人魅力的政治家才能成为“领袖”。

58）忧患意识是成熟的标志

忧患意识是成熟的标志，“人无远虑，必有近忧”。总是天真无邪，无忧无虑，便总是孩子。

一个人如此，一个民族、一个国家也如此。

总是喜欢“莺歌燕舞”，承受不住任何忧虑，是轻浮的民族和脆弱的民族。

一味压制忧患意识，将会麻痹人民，使人民在困难和危险面前手足无措。

一味压制忧患意识，认为一切都唾手可得，将使人民失去内在的强劲的动力。

一味压制忧患意识，片面追求欢乐，将使人民的思想变得浅薄，丧失深入思考的能力。

忧患意识也是一把双刃剑。片面和夸大宣扬忧患意识，可能瓦解人民意志，使人民丧失信心。把忧患意识转化为前进的强大动力，是政治家的责任。

牢骚是忧患的畸形表现；

攻击是忧患的破坏表现；

悲观是忧患的消极表现；

振奋是忧患的积极表现。

真正的忧患意识，是科学分析现实与对未来所需承担责任的结合。

古代的卧薪尝胆，是正确对待忧患意识的典型事例。

59）权威和独裁

权威是褒义词，独裁是贬义词。但权威和独裁往往分不开也分不清。

也许可以说，权威是有理的独裁，独裁是不讲理的权威。两者似乎可以用“有理无理”来区分。但实际上，权威往往在有理无理莫衷一是的时候发挥作用，人们会认为权威说的就是理。

权威和独裁的区别可能在于它们的形成。权威是历史形成的，是人们公认的；独裁是自封的，是依托自己手中的权力形成的。有权威者可能起到某种独裁的作用，但独裁者不一定具有权威。

60）民主和独裁

用民主和独裁来区分政治制度未必科学。

毛泽东当年解释“人民民主专政”的时候说，对人民实行民主，对敌人实行专政，这就是人民民主专政，或曰“人民民主独裁”。这一面就是民主，那一面就是独裁，两者一体。

国家权力要有效，离不开民主，也离不开独裁。即使权力的归属走了民主的形式，权力的实现也常常采取独裁的方式。标榜世界最民主国家的美国，总统选举的时候，似乎很民主，但总统一旦到位，这四年就是他独裁了。美国打伊拉克，就可以看作是布什的独裁。日本修改安保法，可以看作是安倍的独裁。

国家是需要权威的，我们要研究的不是空洞笼统的“用民主代替独裁”，而应研究民主和独裁的统一，二者应统一在人民的福祉上。

61）政治制度中的相反相成

政治制度中有两个对立的基本范畴，那就是民主、自由和权威、独裁的对立。其实它们是相反相成的，彼此成为制约、界限、标准，于是才有了政治制度的正确运用。

民主是必需的，但不能民主到没有任何权威。权威是必需的，但不能权威到没有任何民主。主张民主而反对一切权威，主张权威而反对一切民主，不管用什么漂亮的辞藻，都是虚伪的。判断一种理论的真伪性，就要看它是否承认两者既是相反的又是相成的。

有人认为，对权威的服从，必然以牺牲民主为代价。他们有意或无意地忽略了另一个问题，那就是推行没有权威的民主，将付出更惨重的代价。

服从权威要付出限制自由的代价，但当你自己没有主意或众多人没有统一主意的时候，服从权威就是最好的选择。

62）政治制度优劣论

评价政治制度优劣的标准，在于其是否与现实经济基础匹配。

在母系社会，妇女的权力就比男人大。

小农经济条件下最好的决策制度就是家长式的独裁。

使用老式炼钢炉炼钢时必然由有经验的炼钢师傅说了算，他可能讲不出多少道理，仅凭钢花的颜色决定是否应该出钢，但你也得服从；现代化炼钢炉使老师傅的独裁成为不可能，经过培训的值班人员都可以根据数据决定是否可以出钢，如此“民主”才有可能成为现实。

事业篇

63）事情和事业

做事情不等于干事业。

有社会意义的事情才可称之为事业。

许多人一起参与的事情才是事业。

能够形成一个独立范畴并可以长远发展的事情才是事业。

64）成功的公式

成功等于机遇加拼搏。

“有志者事竟成”是鼓励人的话，并不是对现实的描述。事不成的有志者，比事竟成的有志者，不知多了多少倍。

事不成的有志者，有的是没天分，有的是不努力，但更多人主要是没机遇。

主观努力只能使成功成为可能，有了机遇才能使成功变成现实。一粒种子有长成庄稼的可能性，但若发芽的时候始终没有雨水，便只能干死在地里了。

机遇是实现某种目的的充分条件的集合，是可遇而不可求的。但机遇不能只靠等待，重要的是善于发现机遇和抓住机遇，并在没有机遇的时候做好准备。所以还应该加一句话：

机遇是为有准备的人准备的。

65）提倡泛成功观

现在人们的成功观太狭隘了，仿佛只有发了大财，当了大官，出了大名才算成功。这等于让千军万马过独木桥，绝大多数人都不可能成功。这样的成功观害得人们惶惶不可终日，害得人们牢骚满腹，害得教育方向偏斜，众多家长用“鞭子”把子女往独木桥上赶，使众多青少年失去了自由快乐的童年时光。家长望子成龙，逼迫子女，两者关系恶化，甚至酿成一些子女杀家长的惨剧。

社会上的人不可能都成为“大”。都成为大企业家，谁做工人，谁做职工？都成为知名教授，也就没有知名教授。都想当总理，会政治纷争不止。狭隘的成功观导致社会竞争过度，人与人之间的关系失衡。

什么是成功？一个人适合干什么就干了什么，就是成功。人皆可以成功。这就是泛成功观。

不善于处理人际关系，如果当了官，别人受罪，自己受罪；不善于理财，如果当了企业家，极易把企业搞破产，那就是灾难；不善于坐下来深入思考，如果进了科研机构，等于被一辈子软禁。

社会上有各种岗位，每种岗位都有自己的特色。“三百六十行，行行出状元”，这是对狭隘成功观的冲击。其实，还可以再进一步，难道只有成为状元才算成功吗？成功应该是：

做最好的自己！

66）成功的秘诀在于专

成功的秘诀不在于全，而在于专。

泛泛努力，八方讨好，把精力撒芝麻盐，可能一事无成。

突破一点，带动全面，才是成功之路。

干事业有如刨冻土，刨许多点，反而刨不动，盯住一点，咬住不放，才会事半功倍。

只有“专才”没有“通才”吗？

有，“通”本身也是一种“专”。那些精通方法论的人大都是通才。

67）不要奢求别人承认

干事要获得别人承认很难。

没有新的开拓，人家不会承认；有了新的开拓，人家也不会很快承认。

不必请人家承认，不必求人家承认，不必奢望人家很快承认。别人的承认，是无法逼出来的。当你把成功做出，当你把成功持续做出，承认不承认反正已经成功了，这时人家才会承认。

管他承认不承认，我认准了，干就是了。

68）成功三秘诀

成功秘诀有三：

明确目标，

不懈努力，

善于等待。

最容易忽略和最难做到的是第三条。很多人由于等不及，就干了蠢事，失败了——“心急吃不了热豆腐”。

69）傻字当头

有两个农村小伙子，一个是傻子，一个是尖子。晚上睡觉，傻小子躺下去，觉得这里很好，很快就睡着了。尖小子很聪明，躺下刚要睡着，一想不对，我这里的炕不热，翻身到另外地方，又要睡着，又想，这地方还不是最热，又翻身到另外地方。一夜过去了，傻小子睡了一夜好觉，尖小子一夜来回翻身没睡着。

干事要傻字当头，这样才能对环境要求低，才能一门心思干下去，才能防止心猿意马，抵住各种诱惑。

傻人自有傻福。很多时候往往是那些看起来冒傻气的人把事干成了。

老想当尖子，总怕吃亏，总想占最好的条件，总想省力气，干什么都左顾右盼，总是见异思迁，便会聪明反被聪明误，最后一事无成。

70）忙

现代人的特点是忙。

有的人以忙为标榜——“我很忙啊！”有的人以忙为充实——“我的事干不完！”有的人以忙为价值，不忙装忙——“人家都找我，许多事非得我办，忙啊！”

总体说，忙人比闲人好。但要问一下自己：我忙到点子上了吗？

整天忙于不该忙的事，是“胡忙”；整天忙于事务而不思考，是“瞎忙”；整天忙碌而一事无成，是“空忙”。

71）前进离不开倾斜

人在走路的时候，身体要来回摆动，来回倾斜。过分倾斜，会摔倒，一点也不倾斜，谁能走路？

走路如此，事业发展也是如此。

72）创新、创意、创造

创新是一种开拓，向新的领域、新的水平、新的境界开拓。创新就是做前人未做过的事，获得质的飞跃，使新事物诞生。

“新”是由“旧”孕育的。“旧”的矛盾发展到一定阶段，才产生了“新”的需求和“新”的诞生条件。离开对“旧”的理解，天马行空去寻找“新”，这个“新”便无从落地，即使落地也无从发展。

创意是在创新过程中实现“客观—主观—客观”转换的杠杆。创新要成功，不能只停留在意向上，还必须落实到可操作的主意上，这就是创意。

创造是创新的成果，至少是阶段性成果或某一方面的成果。

创新要靠个人的智慧，更要靠他人的智慧。善于利用他人智慧和他人成果是创新的捷径。

73）三种职业

社会上的职业有三种：

一种是“以不变应万变”的职业。医生属于这种职业。一个医生只要把一种病研究透，他就可以诊治所有患这种病的人，不管你是青年人还是老年人，中国人还是外国人。

一种是“以万变应不变”的职业。幼儿园阿姨是这种职业。她要懂得语文、数学、美术、音乐、舞蹈、体育，但只要能够把幼儿们照顾好就行了。

一种是“以万变应万变”的职业。记者就是这种职业。他要以全社会的各种题材去满足全社会各种人的信息需求。既不能光报道某一种病，又不能光对幼儿作报道。政治家也属于这种职业。

“以不变应万变” 和“以万变应不变”的职业，都是“一头大一头小”的职业，有小的一头便于抓住，所以相对容易做。“以万变应万变”的职业是“两头大”的职业，没有小头可抓，所以相对难以做好。

能够做好一头大一头小的工作的人是“专才”，能够做好两头大的工作的人是“通才”。

74）新闻工作是“五说行业”

新闻工作是“五说行业”：

一说，最先说话。说在后面就不是新闻了，但先说容易说错。

二说，说自己也不懂的事情。记者的采访内容和采访对象一般是他不熟悉的。不懂也容易说错。

三说，很快说话。不懂还无法花足够时间研究，因为新闻必须快。来不及深入研究容易说错。

四说，公开地、白纸黑字地说。记者说的话都是公之于众的，无遮拦地接受监督。有公众监督，错了容易被发现。

五说，经常这样说话。以上四说不是一次性的，而是天天如此。即使再注意、再努力，也很难避免说错。

“五说”工作是高难度工作。在这一点上，希望全社会能够对新闻工作予以理解，不要无端贬低或责难。但是新闻工作者也不能放松，压力恰是提高自己素质和能力的动力。

75）记者：负责和不负责

记者是可以不负责的。农业减产了，找农业部；企业滑坡了，找经贸委；教育有偏差了，找教育部；文艺作品不繁荣，找文化部……这些都不会找到新闻单位，更不会找到记者。

如果可以不负责就真的不负责，那就坏了。正因为可以不负责，记者必须时时处处认识到自己的责任。动力、任务、方法都从责任感而来。

所有从事社会事业的人，首先要认识到自己的责任。当官的，搞企业的，做文化工作的，都是如此。而做记者，最重要的素质是社会责任感。

76）事业和奖赏

对一个人最高的奖赏就在他的事业之中。

事业做好了，就可能获得奖赏，提拔的奖赏，物质的奖赏，名誉的奖赏。但最高的奖赏还在事业中。有了这样的信念，你就解放了，你就可以把提拔、物质、名誉看得淡泊。

一个人做事需要动力。提拔的动力会越来越小，因为官位越高越少；物质的动力有风险，过分追求物质可能导致越轨；名誉的动力有副作用，可能引导你追求虚名。把事业本身作为动力，才是越来越大的动力，永恒的动力。

人才篇

77) 做人难

写人只两笔，做人要一生。

做人难，难在做好人，难在持续做好人。

做好人还要做名人，难上加难。

78) 名人难

名人有八难：

一难，出名不容易。不付出超常的努力，难有超常的成绩，没有超常的成绩，名气无从说起。

二难，名副其实不容易。名声里面常有泡沫，泡沫破了怎么办？

三难，被人承认不容易。出了名，不等于被人承认，可能由于出了名，更有人不买账、不承认。

四难，被人理解不容易。走在后面的人，不容易看见走在前面的人的脸，更难理解走在前面的人的心。

五难，得到支持不容易。你已经得到了名声，还要我们帮助你？你应该出血才对。

六难，躲避风险不容易。木秀于林，风必摧之。众目所注，很容易成为众矢之的，躺着中枪也是常有的事。

七难，保住名声不容易。得一次冠军容易，一直卫冕，太难了。保住名声比获得名声难得多。

八难，常有自知之明不容易。很多人出了名还不知道名人是怎么回事，出了名更不知道自己是怎么回事。

名人之八难，不可不察。

79）名人累

都想做名人，不知名人累。

名人做事，众目睽睽，只能做好，不能做差。此累之一也。

名人行事，受人监督，议论纷纷，莫衷一是。此累之二也。

名人办事，常受人托，五花八门，难以拒绝。此累之三也。

名人逸事，成为谈资，捕风捉影，七嘴八舌。此累之四也。

名人之功，众说纷纭，以己度人，常难公允。此累之五也。

名人之过，常难原谅，添油加醋，津津乐道。此累之六也。

有此六累，于是就有了体力累、口舌累、脑力累、心理累，全面累、经常累。

多数人拼命想当名人，却不知道名人之累。

80）名人之道

“左”的时代，名利是被批判的对象；市场时代，名利又成了一部分人的最高追求。

人大都愿意成为名人，特别是青年人更是如此。想做名人并没错，想做名人也并不坏。但如果你只是想做名人，那你千万不要做名人。因为你只知道出名的好处，还不知道出名的依托，更不知道名人之难和名人之累。

只有名声而无依托的人，是徒有虚名，很快就会失去别人的尊重。他要受到巨大失落的折磨。

真正的名人，他的支撑并不是名。

仅仅为了名，往往作风虚飘，做事华而不实、半途而废。

仅仅为了名，他可以做好事，也可以做坏事。

仅仅为了名，名可以使他变得晕乎，也可以使他变得痛苦。

仅仅为了名，他会变得很脆弱，因为名本身是最脆弱的。

名气和名声只是事业和业绩的副产品，是自身素质的外化。名实结合，名实循环，才是出名之道。

81）什么是人才

有用的人就是人才。“天生我才必有用”，人皆可以成材。

有特殊本领，有特殊贡献，在前面领路的人，是杰出人才。

人才和杰出人才不等同。一个“有用”，一个“拔尖”。

82）伟人

人才不一定是伟人，杰出人才也不一定是伟人。

人才和伟人的区别在哪里？

人才是在现有制度和条件下发挥作用的人。他主要是发挥个人的作用。

伟人是改变现有制度和条件的人。制度上的弊端，累死了精英，养肥了败类，麻木了社会的多数。只有制度和条件的改变，才能使千千万万人才更好地发挥作用。于是，伟人成为必需。

人才在于能做事，伟人在于能够改造世界。

83）近看无伟人

忙于自己生计的是凡人。

能够改变社会的是伟人。

但近看无伟人。因为近看伟人你看到的多是日常生活的琐碎。

距离产生美。高大的建筑，只有在远处才能看到全貌，才能感受到它的雄伟。贴着长城，只能看到一块一块被侵蚀了的城砖，只有乘坐飞机从空中俯瞰，才能感受到它的伟大和壮观。

84）人格的力量

一个人靠自己的素质和品德形成了人格。人格有独特的力量。

权力的力量是制度的力量。制度决定权力力量的大小。

策略的力量是智慧的力量。智慧决定策略力量的大小。

人格的力量是品格的力量。品格决定人格力量的大小。

权力是强制力，策略是杠杆力，人格是感召力。

权力的力量是占有，策略的力量是拥有，人格的力量是具有。

具有“人格魅力”是对一个人本身最高的评价。

85）领导者的四力

一个好的领导者应该具备四种力。

前瞻力。能够高瞻远瞩才能给人以导向。不然，怎么“领”，怎么“导”？

号召力。能够号召，才能够动员，能够动员，才能够唤起众人千百万，同心干。号召力关键是三点：一是不仅要懂得群众在想什么，还要懂得群众最想什么；二是能够指出大家都可以接受和理解的出路；三是能够让大家相信他选择的路是能够走通的。

凝聚力。在理论和纲领上，能够找到人们的共同利益区，并主张团结一切可以团结的人；在操作上，善于“为人”和善于“待人”。为人好，则形成了人格的魅力；待人好，则形成了向心力。

推动力。指组织、实施、落实的本领。领导者不是单纯的理论家，他不仅要说到，更要做到。说到和做到之间的距离是很遥远的，领导者就是要率领大家顺利地走完这段距离的人。

前瞻力解决目标问题；

号召力解决启动问题；

凝聚力解决力量问题；

推动力解决实现问题。

86）能力离不开历史

把能力放在历史中才能理解它。

能力的标准是历史的标准。现在小学生的某些知识水平已经超过了历史上的大科学家。但如果因此就说小学生的能力比这些前人高，那是可笑的。

评价能力离不开特定的历史环境。革命战争年代，高中毕业就是“大知识分子”，而今，博士也属平常。

高能的人常常被低能的人领导，这种不合理的现象，从古至今都难以避免，有时甚至成为常态。这是特定的历史条件形成的。

87）人才是良种

好人才就是好种子。

好种子有三个特质：一是产量高；二是对水肥条件要求不那么高；三是抗逆性强，不倒伏，不得病虫害。

人才也有三个特质：一是贡献大；二是对客观条件要求不高，困难条件下照样可以做好工作；三是遇到困难、挫折不动摇，不为各种诱惑所左右。

88）糊涂与聪明的组合

人可以分四种：

第一种，聪明的聪明人。看来聪明，实则聪明。

第二种，糊涂的聪明人。看来糊涂，实则聪明。

第三种，糊涂的糊涂人。看来糊涂，实则糊涂。

第四种，聪明的糊涂人。看来聪明，实则糊涂。

哪种人最糟糕？一般以为是第三种——“糊涂的糊涂人”。其实不然，最糟糕的是第四种——“聪明的糊涂人”。他看起来聪明，也自认为聪明，实际很糊涂。看着糊涂，实际糊涂的人不会被委以重任，顶多干不成事，但不会误事。看着聪明，实际糊涂的人就不同了，他会因看着聪明而被委以重任，他又自认为聪明而自负，这就会误大事。

哪种人最高明？一般以为是第一种——“聪明的聪明人”，其实最高明的是第二种——“糊涂的聪明人”，即所谓“大智若愚”。周瑜是“聪明的聪明人”，诸葛亮是“糊涂的聪明人”，其高下一比便知。杨修是“聪明的糊涂人”，他因为卖弄聪明，被曹操杀了，把脑袋混没了。

“聪明的聪明人”不少，“糊涂的聪明人”却不多。

自古就有“难得糊涂”的说法。聪明难，糊涂难，由聪明到糊涂更难。难在涉世和懂世的深度，难在摆脱虚名诱惑，甘于寂寞。

四种人，你是哪一种？

89）干与不干的组合

人可以分为四种：

第一种，顺境时干，逆境时不干。

第二种，顺境时不干，逆境时干。

第三种，顺境时干，逆境时也干。

第四种，顺境时不干，逆境时也不干。

第一种、第二种人不值得提倡，第三种人最好，第四种人要不得。

四种人，你是哪一种？

90）四种战士

斗气者，低能的战士；

斗力者，中能的战士；

斗智者，高能的战士。

把三者结合起来，以智率力，以力撑气，以气鼓智，乃是超能战士。

91）在对比中识人

最好的办法是在对比中识人：

把他在众人面前的表现和私下的表现加以对比；

把他对强者的态度和对弱者的态度加以对比；

把他对对自己有用的人的态度和对对自己无用的人的态度加以对比；

把他在顺境中的表现和逆境中的表现加以对比；

把他在名利面前的表现和在困难风险面前的表现加以对比……

在对比中识人，可以对一个人的人品洞若观火。

几乎所有识人的失误，都是因为没有进行对比。

92）缺点是优点的延长

人的缺点和优点是什么关系？简言之，一个人的缺点就是一个人优点的延长。

“主见”是优点，主见延长了，过了头，就是“主观”，成了缺点。“党叫干啥就干啥”是优点，延长了，过了头，党不叫干啥就不干啥，没有创造性，就成了缺点。

有什么优点和缺点，常常成为评价一个人的标准。但不懂得其中的辩证关系，便容易发生偏颇。

一是容易用“完人标准”要求人，脱离实际。要求一个人只有优点，没有缺点是不可能的。

二是“完人标准”在实际生活中常常成了打击干事的人的鞭子。因为干事的人，优点突出，缺点也突出，常常处于矛盾的焦点，其难以完全克服的缺点便成了别人随时可抓的辫子。

三是把优缺点评价庸俗化，容易使人成为谨小慎微的“君子”。我们只能要求限制缺点，虽然缺点是优点的延长，但你不能老延长，起码不能在重大问题和原则问题上延长。

四是一个人的性格是难以改变的，一个人的个性是没有是非的。准确认识一个人的特点是正确发挥这个人的作用的基础。

93）让合适的人干适合的事

人事工作、组织工作的最高原则应该是“让合适的人干适合的事”。

教育人才，不可能把人都变成统一规格的“标准件”。

使用人才、管理人才的前提是识别人才。正确识人才会知道把他放到哪里合适。

人岗匹配，是用人之道。每个行星都有自己的轨道。众多的星球都按自己的轨道运行，于是形成了和谐的天体体系。要这样观察社会，要这样安排众人。

94）用错人是最大的错误

人的错误有三种：

说错话，

做错事，

用错人。

说错话，不一定导致错误的现实。

做错事，只会造成一件事情的危害。

用错人，就可能做出一系列的错事，还把你用错的人也害了。马谡失街亭是诸葛亮用人的错误，街亭失了，马谡的人头也掉了。用错人造成的危害往往是不可限制和不可控制的，贻害无穷。

此事之重要，领导者不可不察。

95）人才也需要持续发展

经济需要持续发展，人才也需要持续发展。人才只有持续发展了，才能成为大材。有些“神童”，昙花一现，没有什么值得赞许的真实成果，很快就被人忘记了，就是因为他没有持续发展。

人才持续发展需要持续的动力。少年时期表现出来的聪明，只是一个条件，并不是持续发展的动力。把钱、权、名作为动力，都是不能持续的，只有把事业本身作为动力，才是可持续的动力。

道德篇

96）道德是正能量

道德是正能量，不道德是负能量。

一个人的能量有大小，但不要使其成为负能量。

97）道德是和谐的基础

道德是社会和谐的基础。没有道德的社会，缺少道德的社会，不可能是和谐社会。

98）道德是做人的根本

有无道德是人和动物的根本区别。

一个人没有道德，就是人们说的“衣冠禽兽”。

提倡“德才兼备”，从来把德放在首位。德是正负号，才是绝对值。缺少道德，才能越高越糟糕。

99）没有信仰是最大的缺德

人不可没有信仰。

信仰是对某种神圣崇高的理念和主体的敬畏、信奉和追求。信仰是发自内心的自我约束，是所有言行的基本标准。

信仰正确的理论会产生巨大的力量。正确的进步的信仰，是催生新社会、新制度、新事物的巨大力量。

信仰更是促使一个人学好不学坏的自我保障。即使真心信仰唯心主义的宗教，也是可取的，因为所有正派的宗教都教人行善。

最可怕的是没有信仰的人，他什么都不信，什么都不怕，什么敬畏也没有，因而什么坏事都敢做，且没有心理障碍。这些极端个人主义者是罪犯的后备军，是社会的癌细胞。

没有信仰是最大的“缺德”。

100）破除伪信仰

“伪信仰”比“没信仰”还可怕。

“伪信仰”不仅不能实现正确的自律，而且还会破坏信仰的纯洁和神圣，大面积地危害社会。

有的人对马列是伪信仰，是做给别人看的，是骗取升官发财的幌子。假马列坏了真马列的名声。

有的人对佛教是伪信仰，他们并不按照佛教的教义认真修行，而是用烧香许愿、布施捐助的方式和“老佛爷”搞不等价交换，意图花小钱，办大事。如果你真认为“老佛爷”可以保佑你贪污受贿不被抓住，那么，这种伪信仰不就成了做坏事的一种心理安慰，促使你在罪恶深渊中一直滑下去吗?

101）损人和利己

在利益关系上，自己和他人有四种组合：

第一种，利己又利人，

第二种，利己不损人，

第三种，损人而利己，

第四种，损人不利己。

道德的主体应该是确立第一种关系，道德的底线应该是确立第二种关系。按照第三种关系行事的人是缺德，按照第四种关系行事的人，应该为社会所不齿。

102）良心是根

有无良心是人和动物的区别。百姓俗语说："这小子没良心，不是人！"

"良心"的内容就是"饮水思源，知恩图报"。简单地说就是"知道感恩"。

良心是一切道德之根。知道感国家之恩，乃有爱国；知道感社会之恩，乃有职业道德；知道感父母之恩，乃有孝顺；知道感朋友之恩，乃有信义。

有良心才有发自内心的"诚"。一切缺德之事，首先就要受到良心的谴责。

良心是普及标准，又是提高标准。做到讲良心并不难，但真正做到处处、事事、时时讲良心，并不那么容易。

103）道德是自律

道德的本质是自律，是自我约束。自愿地主动地做好事、善事，不做坏事、恶事，才是有道德。

道德是一种追求，是一种高尚的思想境界。人们在生活中会受到各种冲击、干扰、诱惑，促使人们离开道德的轨道，不经过认真持久的修炼，道德不会自动生成。

让道德成为本能，当你不需要刻意约束自己、刻意要求自己，自然而然就按照道德行事时，你就达到了道德修养的最高境界。

104）自律和他律

说道德是自律，这是不错的。“从我做起！”这是道德建设的重要口号。但是，自律需要他律来维护，没有他律，光靠自律，道德也是难以建设好的。

善良的人自律，丑恶的人不自律，道德成了只能捆住好人手脚的绳子，而那些坏人却可以为所欲为。想想看，那样的社会将是一个多么可怕的社会！

道德应该是带刺的玫瑰。凡是毁坏美丽花朵的人都要受到惩罚，玫瑰之刺一定叫他手破血流。

105）道德和法律

道德的特点是自律，法律的特点是他律，自律应和他律结合，在道德建设中应突出发挥法律的作用。纵观中国历史，几千年的道德建设，没有健全的法律，滋生了一批又一批满口仁义道德，一肚子男盗女娼的人。

只有健全法律，道德才能成为捆住坏人手脚的绳子，成为诛杀那些道德败坏者的利剑。

106）做人应以诚为本

说话要诚实，谎话连篇，很快就混不下去。

待人要诚恳，口是心非，口蜜腹剑，必成孤家寡人。

做事要诚信，言必信，行必果，货真价实，童叟无欺。

107）诚信需要管理

诚信和质量都不是认识问题。谁会认为应该搞假冒伪劣？谁会认为就应该不诚信？没有这样的人。那为什么有人不诚信，有人搞假冒伪劣？利益使其然也。

一个社会的诚信建设似乎建立在人人自觉“从我做起”的基础上，我们也天天这样宣传，其实这是一个很大的误区。如果社会诚信管理很薄弱，讲诚信的人吃亏，不讲诚信的人受不到惩罚，总是占便宜，不用问，不讲诚信的人会越来越多。

诚信需要管理，诚信管理是最重要的社会管理。诚信管理的基本任务就是让讲诚信的人不吃亏，让不讲诚信的人不但占不到便宜，还要受到惩罚。

诚信管理水平决定着社会诚信水平。

只讲“从我做起”，就推掉了管理者的责任，也让不诚信的人逃之夭夭。因为他才不“从我做起”呢！

素质篇

108）一个人就像一棵树

一个人就像一棵树。

知识是树叶，它表明你知道些什么。

能力是树枝，它表明你能够做到什么。树枝长短决定树冠大小，树冠大小决定树能遮盖多大阴凉。

素质是树干，它表明你靠什么支撑。强大的树干为树叶和树枝输送营养，没有强大的树干的支撑，树叶和树枝就生长不起来，即使生长了，也展不开。

什么样的树最危险，最容易折断和倒伏呢？是那些由于特殊的水肥条件，迅速生长了枝叶树枝，而树干没有长粗的树。这样的树，天一旱营养就跟不上了，风一来就乱摇晃，风一大就被吹得折断了。

一个人的成长靠素质，一个人的持续成长靠素质，一个人的安全成长靠素质。

十年树木，百年树人。树木者、树人者，都要考虑树的是怎样的木、怎样的人！

109）素质是材料

材料是现代化的三大支柱之一。

没有铝材做不成飞机，没有钛材做不成火箭，没有高纯度的晶硅做不成芯片……

没有好素质成不了高级人才。

110）衡量素质的三维

衡量素质的标准有三个维度。

第一个维度是纯度。许多材料之所以难做出来，就在于提纯很难。一个人的纯度主要取决于他的道德观和价值观。

第二个维度是力度。没有刚性或刚性很低的材料，没有支撑力。一个人的力度主要取决于他的魄力和意志力。没有魄力的人，做不成大事，没有意志力的人，什么事都做不成。

第三个维度是韧度。好的材料都是适应力很强的材料。耐高压、耐腐蚀、耐冷热。一个人的韧度主要取决于他的应变能力。所谓“大丈夫能屈能伸”，就是指应变能力。成功、失败，顺利、挫折，助力、阻力，都能够应对。

111）事业装在心胸

一个人的心胸有多大，能够成就的事业就有多大。

也许，因偶然的机遇，一个人事业的发展超出了他心胸的容度，这其实是件很危险的事。如果一个人没有能够及时开阔自己的心胸，那么，他的心胸很快就会被自己的事业撑破，成为悲剧。

112）四种追求

追求有四种：

第一种，追求热门，抛弃冷门。这是赶潮流的人，但未必赶得上。因为热门人群拥挤，竞争激烈。

第二种，追求冷门，抛弃热门。这是独立思考、追求创新的人。应该鼓励，但要告诉他们风险。

第三种，冷门、热门一起追求。这是贪大求全的人，不懂得“舍”和“得”的关系，不可取。

第四种，追求今日之冷门，未来之热门。这是有远见的人，成大事者多出于其中。

113）粗细大小

只见粗大，不见细小，往往成为空想者和空谈者。

只见细小，不见粗大，往往成为事务主义者和目光短浅者。

由小见大，是为洞察力。

粗中有细，是为领导力。

“细节决定成败”，是在大框架恰当的前提下。

“取其大而略其小”，强调的是看人的要领。

“积沙成丘”“万里之行，始于足下”“大处着眼，小处着手”，都是大与小的辩证法。

114）坚强与脆弱

坚强的人也有脆弱的部位，脆弱的人也有坚强的部位。

有时，坚强是脆弱的外衣，有时，脆弱是坚强的外衣。

一个人最坚强的部位也可能就是最脆弱的部位，看来最脆弱的部位有可能就是最坚强的部位。

表现得很强势的女人，往往被人们称为“女强人”，其实许多强势女人都讨厌这个称号，因为人们用“强人”抹杀了她们作为“女人”可能存在的脆弱。她们在白天劳作时是坚强的，在夜间独处时是脆弱的。处于事业攀登期的女人，往往成就了耀眼的业绩，却被人忽略了被爱的需要；沉溺于爱中的女人，许多从事业中沉寂下来。坚强和脆弱交织在一起。

十分活跃，活跃到自己也不能控制，往往是压抑自己内心痛苦的一种方式。是坚强，还是脆弱？

过分骄傲的人，内心大都存有怕别人看不起的因素。想用自己的“外强”掩盖自己的“中干”。是坚强，还是脆弱？

有武功的人，往往怕事，因为他知道自己出手的厉害。这是用弱来藏强。

有本事的人往往很低调，这是因为他不怕被人忽略，也知道山外有山，人外有人。

115）能的标尺

人应该追求做到什么？

有的人崇尚“无所不能”，他们以为自己所做的工作，所在的岗位，应该是无所不能的，想干什么都可以干成。这是青年人容易抱有的一种幻想。

世界上从来就没有“无所不能”的东西和主体。因为“你”的“无所不能”就否定了“我”的“无所不能”。

因追求“无所不能”成为不可能，于是有的人便消极到“一无所能”。在课堂上一个学生问我：“《人民日报》能够想批评谁就批评谁吗？”我说：“不能。”他笑了，潜台词是：做不到这一点，搞批评还有啥意思？干脆就不要批评了。

唯物主义者选择的是“尽其所能”。在目前的情况和条件下，我能够做到什么就尽力做到什么。现在能够做到的事情，努力去做，现在做不到的事情，不要勉强去做。“尽其所能”是“不能”到“可能”之间的转化剂。人类就是通过尽其所能，把许多原来不可能的事情变成可能了。上天成为可能了，入地成为可能了，千里眼、顺风耳都成为可能了。

崇尚“无所不能”是一种不切实际的狂妄；

甘于“一无所能”是一种不负责任的消极；

奉行“尽其所能”是一种不懈努力的进取。

116）压低满意线

每个人对生活都有一个“满意线”。

满意线高的人，对生活总是不满意，始终牢骚满腹，因为实际生活总是达不到他的满意线。

满意线低的人，对生活容易满意，总是乐呵呵，因为实际生活总是超出他的满意线。

同样一个人，满意线也会发生变化。朱元璋贫困的时候，喝过杂货汤，觉得好吃得不得了。当了皇帝，又让厨师按自己的记忆做了“珍珠翡翠白玉汤”，但一吃，味道就不对了。是汤的味道变了吗？不是。是他的满意线变了——“饿了吃糠糠如蜜，饱了吃蜜蜜不甜”。

满意线是生活环境和条件形成的。穷人家的孩子到哪里都很满意，因为条件都比他家里强；富人家的孩子到哪里都不满意，因为条件大都不如他家里。吃过苦的人能够成大事，比较低的满意线给了他很大的动力；没有吃过苦的人则相反。

糊涂的家长，从小对孩子娇生惯养，把满意线提得很高，以致这个孩子长大了，到社会上，看什么都不满意，结果害了他一辈子。智慧的家长，从小不娇惯和溺爱子女，把他的满意线压得比较低，孩子长大到了社会，总是很满意，成就了他一辈子。那些有眼光的大富豪，不把遗产留给子女，也是防止把满意线提得过高。

所谓幸福就是对自己的生活感到满意。凡是把满意线提得很高的人，都是自己降低了自己的幸福感。

117）心理承受力

物质的分量靠肩膀来承担，精神的压力靠心理来承担。

不怕身累，就怕心累。心劲不够，干不了大事。

战争时代的将军们，每天徘徊在生死之间，若心理承受力不够，不用敌人打，自己就把自己压垮了。

市场经济中的企业家们，每天徘徊在成败之间，若心理承受力不够，不等对手把你竞争垮，自己就把自己压垮了。

118）增强承受力

每个人的心理都有一个承受力。

有的人承受区较大，承受度较深；有的人承受区较小，承受度较浅。承受区的大小和承受度的深浅决定了一个人承受力的强弱。

承受力有两种。

逆境承受力，就是对坏条件的承受力。贫瘠的土壤对干旱、缺肥的承受力很弱，水和肥一跟不上，它就不打粮食；肥沃的土壤承受力较强，雨水少、肥料不那么足，照样打粮食。

顺境承受力，就是对好条件的承受力。好东西来了，好条件到了，你承受得住吗？不见得。平常人们说的“钱烧的”“权烧的”“名烧的”“有福不会享”“无福消受”等等，都是说顺境承受力不够。

“大丈夫能屈能伸”“富贵不能淫，贫贱不能移”，讲的就是这两种承受力。

性格篇

119）什么是性格

性格即一个人的个性，是一个人思维、情感、行为的特征。

性格不完全是遗传的。儿女的性格并不一定与父母的性格相同。

中国用生辰八字，外国用星座作解释，认为性格是在娘胎中形成的。娘胎可以被看成一个熔炉，从母亲怀孕，到婴儿出生，这九个月的时间，不同的人受到宇宙各种场的不同组合的冶炼，于是有了不同的性格。生辰和星座都和生日有关系。

不管怎样，人的性格天生是不同的。

120）性格即命运

不同的性格便有不同的选择；

不同的选择便有不同的道路；

不同的道路便有不同的命运。

所以，性格即命运。

121）性格是多面体

性格是多面体。

可恨之人也有可爱之处，

由于有“可爱”之处而变得更加可恨。

可怜之人也有可恶之处，

由于有“可恶”之处而变得更加可怜。

122）本性难移辩

“江山易改，本性难移”，不要企图改变一个人的性格。但性格可以修正，可以调节。

政治与理性的约束，群体的影响，加上自身的觉悟，都可以对性格做一定程度的修正，使性格的不同侧面发挥不同的作用，从而实现扬长避短。性格决定命运，但修正也可以在一定程度上改变性格。先天的性格犹如天然的玉石，加工不好，或不加工，玉石之美就无法得到完全的展现。精心加工，则可以使其成为价值很高的艺术品。

一个人最可怕的是驾驭不了自己的性格，成了自己性格的奴隶，随其任意发展，以致成为一种偏执、畸形的性格。

不屈从于环境，而始终坚持自己的性格，这是一种性格。

屈从于环境，随环境改变而不断改变自己的性格，失去了自己的本色，这其实也是一种性格。

屈从自己性格的弱点，并任其发展，那是性格的病态。

不断修正自己的性格，不断超越自己，是可贵的性格。

“性格即命运”，但不能因此相信宿命论。

123）对性格的评价

性格不等于品格。品格有高低之分，而性格没有。

文化素养不等于性格，性格并不直接与文化高低成正比，但文化高低影响性格。

性格并无优劣之分。虽然可以说豁达开朗的性格一般优于狭隘封闭的性格，坚毅果断的性格一般优于优柔寡断的性格，但性格在实际生活中的优劣并不在于其天赋，而在于如何发挥。

民族也是有性格的。民族的性格是由环境、历史、文化多种因素形成的。民族的性格也决定着民族的命运。中国、韩国、日本，这三个如此靠近的国家，其民族性格却有很大的不同。

124）对性格的把握

每个人都有自己的性格，可以说世界上没有完全相同的性格。

有开朗的性格，有内向的性格；有活泼的性格，有严肃的性格；有细腻的性格，有粗犷的性格；有乐观的性格，有悲观的性格……

性格的类型是不能选择的。性格的优劣不在于类型，而在于度。性格过于单一，且没有度，就容易发生问题。开朗不要过分到随意，内向不要过分到封闭，严肃不要过分到冷漠，活泼不要过分到轻浮，粗犷不要过分到马虎，细腻不要过分到琐碎，乐观不要过分到无心，悲观不要过分到厌世，如此等等，都有界限。

性格的度必须把握，也是可以把握的。

最可怕的是变成自己性格的奴隶。

125）性格悲剧

人生各种悲剧中，性格悲剧是无法躲避的悲剧。

自己的性格酿成自己的悲剧，在这种悲剧中，悲剧的制造者就是悲剧的承受者。没有其他人可以憎恨，悲得无法发泄，悲得无法解脱，悲得无法同情。奥赛罗亲手掐死戴斯特蒙娜就是这样的悲剧。

身在福中不知福，是可叹的；

与幸福擦肩而过，是可惜的；

把幸福推出门外，是可笑的；

自己破坏自己的幸福，是可悲的。

有的人一生在追求幸福，但他一生却又在破坏自己的幸福。自己破坏自己的幸福，谁还能帮助他？这是可悲的。而若他终其一生都不能发觉这一点，就更可悲了。

气质篇

126）潇洒是一种魅力

年轻人和老年人，男人和女人，都喜欢潇洒，都追求潇洒。

潇洒是一种最有魅力的气质和风度。它是一种跨性别、跨国别、跨年龄、跨职业的，内外兼有的魅力。

怎样使自己潇洒起来？每个人都应该向自己提出这样的问题。

127）潇洒是一种自如

谈吐自如，挥洒自如，上下自如，进退自如，即可谓潇洒也。

所谓自如，是在对立面转换自如。拿得起，放得下，是拿放转换自如；张得开，收得拢，是张收转换自如。

所谓自如，是对立面融合自如。郑重而诙谐，谨慎而随意，有官威而体贴民情，敢仗义而不显匪气，胜而无骄躁之气，败而无灰心之态，皆为潇洒。

凡受外在挟持而失去自如者，凡只持一端而不能融合者，皆不可谓之潇洒。

128）潇洒是一种自信

潇洒，根子是自信。

自己放松，他人放松；自己愉快，他人愉快。放松与愉快，皆来自由内而外的自信。

没有由内而外的自信，潇洒是装不出来的。

129）潇洒需要看透

对事情看得透，对规律看得透，对人生看得透，对一切看得透，于是有了潇洒。

看透才能超脱。超脱掉负担，超脱掉纠缠，超脱掉权之重，超脱掉利之惑，超脱掉名之累，超脱掉情之系。

看透世事，超然出世，潇洒自来！

130）潇洒是一种娴熟

潇洒是一种成熟，一种娴熟，一种谙熟。

同一个人，有时很潇洒，有时则不够潇洒，为什么？

原因很简单，在他熟悉的领域，他显得潇洒自如；在他不熟悉的领域，他显得拘谨呆板。只有真正领略人生真谛的大家，才能在一切领域潇洒自如。

131）潇洒是一种解脱

潇洒可能是一种解脱。

当你遇到难以忍受的侮辱的时候，

当你遇到找不到源头的谣言的时候，

当你遇到没有具体对象的敌人的时候，

当你遇到不能胜利的战斗的时候，

当你遇到自已的成绩不被认可的时候，

你可以求助于潇洒。

132）潇洒是一种智慧

潇洒的智慧在于恰当：

严肃地对待严肃的事情，谓之郑重；

严肃地对待不严肃的事情，谓之滑稽；

不严肃地对待严肃的事情，谓之轻率；

不严肃地对待不严肃的事情，谓之潇洒。

133）滑稽、诙谐、幽默

滑稽是逗笑的表情和言行，它常常以反常规的方式呈现。马戏团的小丑，就是滑稽形象的代表。

诙谐一般要比滑稽内在一些，它把生活中那些含有趣味性的要素整合起来，以轻松的语言表达出来，不仅逗笑，而且意味深长。那些有水平的相声，就是诙谐的代表作。

幽默比滑稽高雅，比诙谐深刻。如果说，滑稽和诙谐是娱乐场所的主角的话，那么，幽默则是严肃高雅乃至最正规场合的贵客。

134）幽默方显才华横溢

捉襟见肘者，江郎才尽者，拘谨而战战兢兢者，委琐而唯唯诺诺者，无幽默可言。

幽默是站在高山上的指点，是一语中的的俏皮，是胜任愉快的享受，是大将风度、大家风范的光彩。

幽默感是深厚底蕴的自然流露，不是靠装腔作势硬摆出来的。所以，幽默的人不仅让人喜爱，还让人佩服。

在西方，没有幽默感的人，很难竞选成功当上总统，没有幽默感的人，很难成为受人欢迎的政治家。

135）幽默是一种艺术

幽默是一种高超的艺术。

它能够化紧张为放松而又不失严肃郑重。一句幽默的语言，满座为之活跃。

它能够在风趣中体现严肃，在柔软中包含刚强，在顺从中带着争辩，在俏皮中显露锋芒。

幽默有时是信手拈来的一击。

当然，不是想幽默就能够幽默得起来的。

举重若轻，游刃有余，才有幽默的情趣；

才思敏捷，妙语连珠，才有幽默的表达；

久有追求，多做修炼，才有幽默的根基。

136）幽默在于信手拈来

20 世纪 50 年代初，西德总理阿登纳在机场迎接到访的美国国务卿杜勒斯，天下大雨，阿登纳为杜勒斯撑起了雨伞，说：“现在美国在联邦德国的保护之下了。”杜勒斯回答说：“天气不好，大家靠近一点，都有好处。”

这里的幽默在于借用天气情况而信手拈来。

137）幽默需要土壤

幽默需要懂幽默的欣赏者，最怕遇到不懂幽默的人。如果有人把你的幽默“当真”对待，你会像是吃了苍蝇，再不敢幽默了。

你对一位女士说：“啊！您的美丽真是让所有的女人嫉妒！”这位女士认真地跟你分辩道：“你说的不对！那是让所有的女人羡慕！”你又该怎样回答呢？

一个民族是否幽默，与其历史和文化相关。近代史上过多的苦难，已经把中华民族的幽默感磨灭得差不多了。

幽默与政治环境相关。在文字狱流行的时候，谁还敢幽默，谁还能幽默起来？一直到今天，我们的许多领导干部，只会板着面孔说话，一本正经说话，即使在最随便最即兴的场合，也必要照着稿子说话，幽默从何而来？

从苦难中解脱，从教条中摆脱，中国人才能幽默起来！

处世篇

138）达人不多

上升是幸福的，下降是痛苦的；

胜利是幸福的，失败是痛苦的；

顺利是幸福的，挫折是痛苦的；

得到是幸福的，失去是痛苦的；

凡是这样想的人，都不是达人。

在任何情况下，都不失乐观，不失振奋，方可称为达人。

达人不多。

139）淡泊方能潇洒

淡泊平生志，

潇洒自如神。

140）自寻烦恼

烦恼是自寻的。因为他总想，生活为什么不像我想的那样？

烦恼只能自消。你应该想的是：我想的为什么不是生活那样？

141）自由和由自

自由的本质是“自主”，凡是应该由自己决定的事情，能够由自己做主，那就是有了自由。婚姻自由就是婚姻自主。

但“自由”两个字不能反过来变成“由自”，不能由着自己的性子来。只由着自己的性子来，便恰恰破坏了自己的自由。所以，“恋爱自由”不是“乱爱自由”。

142）自由不排斥约束

汽车行驶自由受两个条件约束：

一个是外界条件的约束，包括路况和交通规则；

一个是自身设备的约束，包括方向盘和刹车。

离开这两个约束开车，谈不上什么行驶自由。

追求自由无可厚非，但若追求既无外界约束，也无自我约束的自由，就像驾驶着方向盘不灵、刹车不力的汽车，不顾交通规则在道路上高速行驶，其结果如何，可想而知。

143）想、说、做

一个人和社会相联系的活动主要是：想、说、做。想是头脑活动，说是嘴巴活动，做是身体活动。

判断一个人的处世之道，主要是看他想什么、怎么想，说什么、怎么说，做什么、怎么做。

一般来说，多数人想的比说的多，说的比做的多。判断一个人主要看他的“做”，因为“做”是确实的行为，有些已经成了事实。

“想”比较虚，“说”比较飘，只能用作参考。当然，“想”可以转化为“说”，“说”可以转化为“做”。以“说”为职业的人，如宣传工作者、理论工作者，他们的“说”就是“做”。至于造谣生事，虽然是“说”，也可视为“做”。

想、说、做，自由度递减。想的自由度最高，说的自由度次之，做的自由度与前两者比最低。想，可以畅想，甚至可以幻想，但说就不能胡说、乱说，该说则说，不该说则不说。做的约束就更多了。

好的社会管理应该是对想、说、做的全面管理。不同的理论强调的重点不同。孔子重视“想”，他主张修身齐家治国平天下，把修身放在第一位。他是有道理的，因为“想”出了问题，“说”和“做”就都会出问题。法家主张重视“做”，用法制规范“做”。法家也是有道理的，因为“做”管好了社会就稳定了。而且，“想”和“说”不那么好管。近代西方的理论更近于法家。辩证法则主张对不同的矛盾用不同的方法解决，什么是主要矛盾，由实际情况而定。

会处世的人应该是善于管理自己所想、所说、所做的人。其基本原则应该是：智想、实言、慎行。

144）说和做的组合

不说不做，

只说不做，

只做不说，

又说又做，

先说后做，

先做后说。

这六种组合生活中都需要，其正确与否在于和你面对的事情是否对号。

145）明白不等于要说出来

真正的明白，不仅在于了解该事物的本质和规律，还需要了解相关的利益关系，更要了解关键和忌讳所在。

能够说清楚，表示你明白，但明白不等于要说出来，更不等于要全说出来。有时明白而不全说出来，是因为他明白得更多。

自己还没有真明白，就以为明白了，而且说得很多，这是“书生”常犯的毛病。不切实际地夸夸其谈，没有不失败的。

真明白了，但不全说出来，与其说是谨慎，不如说是智慧。

146）张扬和隐蔽

张扬是缺少分寸的表现，过分张扬给人一种显摆和轻狂的感觉。

隐蔽是一种策略。善于隐蔽比张扬更重要。成功前的隐蔽，失败后的隐蔽，进攻前的隐蔽，退却时的隐蔽，这些隐蔽常常是成功的必要条件。

张扬往往是成功后过度喜悦的副产品，但也有可能成为成功转化为失败的原因。

张扬及隐蔽可以反映一个人的成熟度。

军事最讲求隐蔽。军事的张扬其目的往往也是为了隐蔽。军事技术的竞赛往往是隐蔽技术的竞赛。飞机的厉害在于隐蔽，潜水艇、导弹的厉害更在于隐蔽。

乐于张扬者，总好在事情没有做成甚至还没有做起的时候，就公开宣布自己的伟大计划和构想；深谋远虑者则更愿意悄悄地干，不在战壕没有挖好时就放起枪来。后者成功的几率更大。

147）不要讨厌服从

青年人最讨厌服从，他们感觉，服从便失去了自我。“为什么我非要听你的？”所以青年人有个“叛逆期”。

他们不懂得，人的一生实际上是在服从中度过的。服从在许多情况下，并不是失去自我，而是为了保护自己、发展自己。

人首先要服从客观实际和客观规律。这种服从容易服气，但不容易做到。

人要服从法制。这种服从必须做到，不然就要惹祸。

人要服从权力。这种服从不容易服气，往往是口服心不服，但也必须服从，不然就会惹麻烦。

如果你一切都不服从，那不等于让一切都服从你吗？

提倡一切都服从是“奴隶主义”，提倡一切都不服从是“无政府主义”。

148）不要讨厌妥协

青年人往往讨厌妥协。认为妥协是“没骨气”“没原则”，是“油滑”。他们不懂得，人的一生是在不断地妥协中度过的。

社会是多主体的，任何一个主体都不可能把自己的意愿强加给其他主体。于是，不同主体之间的相互妥协成了人类生活最重要的内容和方式。

妥协是不同主体能够共存的重要条件。最亲近的人，如夫妻之间，也需要妥协，不然，他们就只能分手；最对立的人，如敌我之间，也需要妥协，不然，对双方都不利。

世界上大量的政治活动都是在搞妥协。签订的各种文件、条约，实际上大多是妥协的文字。

世界上大量的经济活动也是在搞妥协。各种合同实际上也大都是妥协的文字。

妥协是一种工作和生活的艺术。懂得生活从懂得妥协开始。

149）别想包打天下

有人总希望包打天下，却不知道天下是包打不了的。

非要包打，天下人就会打你。

好事大家做，不要垄断起来一人做。

好事一人做，就把好事变成了坏事。

150）防止过分

爱得过分，恨得过分，急得过分，稳得过分，都是过分。

过犹不及，适得其反。

对与错，不仅在于方向，也在于度。

过分是主观意愿无节制地发泄的结果。

一个正确的政策和举措，由于层层为表现自己而加码，变得过分，这是应该防止的。

在“拥护上级”的口号下，把恰当的政策变成过分，是那些害人的下级最常用的讨好方法。

151）错觉

生活中有许多未被认识的错觉。

黎明前最黑暗——实际上那时最接近光明；

事业低谷最困难——实际上那时最接近翻身；

生命似乎是越活越长——实际是越活越短；

工作好像是越干越少——实际是越干越多；

为肌体治病的人被看作恩人，为思想治病的人被看作仇人——实际上他是更大的恩人；

专家的本事被看作特长，政治家的本事被看作权术——实际上那是更高超的智慧。

骗子的技能在于制造错觉和利用错觉。

猎人的本事是为野兽制造造成其错觉的陷阱。

错觉是错误的前导，把你引向悲剧。

处世最重要的是避免错觉。

152）误会

生活中有许多未被察觉的误会。

有的误会会造成喜剧。

有的误会会造成悲剧。

林黛玉的悲剧就在于把贾宝玉要娶别人误会为要娶自己。

一厢情愿的爱情误会可能害人一辈子。

153）欺骗

欺骗是假恶丑战胜真善美的基本手段，是小人对付君子的基本方法。

正人君子的逻辑是：一个人可以欺骗一个人到永远，也可以欺骗众人于一时，但不可能欺骗众人于永远。

小人的逻辑是：我能够欺骗一个人于永远，欺骗众人于一时，这就够了。时过境迁，谁还和我算账？

治骗子最好的办法就是及时公开揭露。

154）最值钱的

最值钱的就是用钱不能买和买不到的东西。

市场经济最可怕之处在于，它可以让人用钱买到不能买和买不到的东西。

155）不求甚解

不求甚解是毛病又不是毛病。

凡事都不求甚解的人，将一事无成；

凡事必求甚解的人，同样会一事无成。

该不求甚解时即不求甚解，是一种智慧；

该求甚解时必求甚解，是必要的专注。

不求甚解和必求甚解相结合，是成功之道。

156）事不关己

在事不关己的事情上，多数人是不求甚解的。

于是，谣言可以流传，众人会被蒙骗，谣言甚至能够杀人。群众并非在任何情况下都是“英雄”。

事不关己可以不求甚解，但在没有甚解的情况下，不要轻易做出评论。

157）虚伪源于对生活的负面适应

人刚生下来并不虚伪，要吃就吃，要喝就喝，要哭就哭，要乐就乐。但人们说这是不懂事的孩子。

最初的虚伪可能来自防卫。当一种外力强迫你做不愿做的事，而直接反抗将会遭到更大惩罚的时候，你便开始觉得有虚伪的必要了。棍棒教育有可能造就虚伪的孩子。

涉世渐深，人们发现有些虚伪的人，更能达到自己的目的，能够付出更小的代价而获得更多的利益，于是便觉得虚伪是一种有效的武器。这是第二步的虚伪。

久而久之，你习惯于虚伪了，虚伪成了你的本能，你觉得不虚伪是吃亏的，是危险的。不管需要不需要，就都虚伪了。这时的虚伪进入了“高级阶段”。虚伪成了一个人的品质的真实。

谴责难以彻底纠正虚伪。必须让社会实践来教育。

158）自身也是环境

自身与环境是主观和客观的关系。但主观和客观是可以转换的。有时候，人自身也是环境的一部分。

作为一个领导者，你首先要意识到，你是别人的环境，因为许多人在你的领导下工作，如果你是好领导，他们就有好环境，如果你是坏领导，他们就只能有坏环境。

所有人都应明白，你的环境在一定程度上是由你自身造出来的。你不尊重别人，别人就很难尊重你，这个环境与你有关；你不守信用，别人就很难信任你，这个环境也与你有关；你不努力工作，且水平比较低，领导就很难器重你，很难提拔你，这个环境依然与你有关。

当你感到环境不好的时候，首先要问一下自己，这些不好的环境，哪些与自己有关。一味地埋怨环境，并非上策。

159）环境有三个层次

大环境是宏观环境，你只能认识，不能改变；

中环境是中观环境，不能改变，但能够选择；

小环境是微观环境，贴身的环境是可以营造的。

一年分四季，是大环境，你不能改变；同样的季节不同地方有不同的气候，你可以选择冬天去三亚，夏天去哈尔滨；穿衣服、盖房子、烧暖气、放冷气，这是你可以营造的小环境。人类就是这样应对气候环境的。

对气候环境是如此，对政治、经济等环境，也是如此。

总是埋怨环境，而不分析环境、分别对待，是愚蠢的。

160）坏人的失策

坏人之所以坏，是因为他总是损人利已。朋友越来越少，敌人越来越多，于是路子越走越窄。这是坏人失策之一。

好人犯错误一般是“无知而犯”，坏人犯错误则是“明知故犯”，因而是周密设计的错误，是系列性的错误，是难以自我纠正的错误。这是坏人失策之二。

坏人总是认为自己最聪明，把别人的宽容当软弱，把别人的忍让当愚蠢，把暂时的得逞当智慧，最终甚至得意忘形。这是坏人失策之三。

坏人失去了最基本的生活常识。老话说“利令智昏”，其实是“迷令智昏”。迷钱、迷权、迷名、迷色，总而言之，迷了，就昏了。迷令智昏了，他就认为，纸里可以包住火，一手可以遮天，有钱可使鬼推磨，有权可使磨推鬼。这是坏人失策之四。

有这四大失策，坏人的日子不好过。

161）浅薄与轻率

浅薄与轻率都是必须避免的。

轻率往往来自浅薄，但浅薄不一定来自轻率。

待人篇

162）看人难

看人往往有随意性，没有客观的标准。此为其难一。

看人往往被表象所迷惑，有些人会故意把本质隐藏起来。此为其难二。

看人往往受关系好坏影响，对关系好的人，容易看其优点；对关系坏的人，容易看其缺点；对利益对立的人，容易吹毛求疵；对利益相同的人，容易原谅包庇。此为其难三。

看人往往只凭老印象，没有注意所有的人都在变化，好人变坏人也是常有的事。此为其难四。

看人往往难以彻底摆脱自己的偏好，每个人由于性格、经历、地位、知识、岗位不同，看人的标准和侧重点往往是不同的。此为其难五。

由于这五难，导致看人难。

163）好人不要忘了有坏人

好人和坏人的定义很难下。但大体可以这样说：帮助别人的人是好人，损害别人的人是坏人；遵纪守法、有益社会的人是好人，违法乱纪、危害社会的人是坏人。

好人的缺点是常常忘记社会上有坏人。他们自己不坏，总觉得别人也不会坏；他们自己不做坏事，总觉得别人也不会做坏事。这就大错而特错了。好人忘了坏人的存在，就给坏人留下了可钻的空子。

社会上就是有坏人。坏人虽有不同，但做坏事是共同的。有的人做坏事不需什么理由，成了习惯，甚至成了享受。有时候做坏事是因为利己，有时候损人不利己，也干。

164）善良不可过分

善良是最可宝贵的品质之一。

但善良过分就成了愚蠢，

愚蠢过分，也会变得可恶。

一部《西游记》把应该如何善良说得很清楚。一味善良的唐僧总是上当，甚至冤枉好人，幸有火眼金睛的孙悟空善辨妖魔，弥补了他的不足。佛教讲行善，但佛教把降妖也看作行善。

165）善良的悲剧

严格地说，悲剧只发生在好人身上。坏人得了恶报，是罪有应得，不算悲剧。行善的人不得好报，才算悲剧。

要坚持善良，又要谨防善良造成的悲剧。

善良人的悲剧之一：只对人行善心，而不设防，于是落入恶人布下的陷阱。

善良人的悲剧之二：宽容恶人而被恶人所害。东郭先生即一例也。

166）无原则的友好会害人

让别人明是非，明事理，是最大的爱，最大的友好。

不明是非的爱，不明事理的友好，会害了别人。

不要因为是爱和友好，就不以是非和事理约束自己和教育对方。

许多悲剧是从这里产生的，许多背叛是从这里产生的，但许多人不明白其中的因果链条。

167）君子斗不过小人

君子斗不过小人。何也？

小人总是琢磨君子，君子却很少琢磨小人。所以小人有准备，而君子无准备。

君子善良，乃至迂腐和软弱，是座不设防的城市，他们常向小偷敞开钱包。君子无心防守，小人蓄意进攻。

“君子坦荡荡，小人长戚戚。”君子公开透明，小人隐蔽暗藏。明枪容易躲，暗箭最难防。

君子讲规矩，小人胡乱来。君子被规矩捆住手脚，小人想怎么干就怎么干。

君子斗不过小人怎么办？一般情况下，远离小人，不与他接触。有矛盾，尽量不和他单打独斗，而是依靠社会的力量。社会和群众总是站在正义的一边。要依靠社会治小人。

168）看人看“待人”

看一个人，要看他怎样待人。

看他怎样对待对自己好的人，怎样对待对自己有恩的人，你就可以知道他有没有感恩之心，有没有良心。

看他怎样对待对自己不好的人，怎样对待反对自己的人，你就可以知道他有没有宽阔的胸怀，有没有公平的气度。

看他怎样对待比自己强的人，你就可以知道他有没有嫉妒之心。

看他怎样对待比自己弱的人，你就可以知道他有没有助人之美。

一个人的本质，最容易在待人上表现出来。

169）看人看“律己”

“宽以待人，严以律己”，是为好人。

人在下降的时候，人在困难的时候，看素质；人在上升的时候，人在得意的时候，看品德。

人最不容易律己的时候是在上升和得意的时候。升了官，发了财，容易得意忘形，忘乎所以。

170）怎样要求别人

应该怎样要求别人？用同样的要求，要求一下自己就清楚了。

至少要设身处地地为别人想一想。

171）好心不要成为标榜

“好心”是人们最常用的挡箭牌。

但好心到底是什么？谁也说不清楚。

离开具体内容谈好心，往往成了自我标榜。

自我标榜不见得能获得别人的承认。

172）该不该“以德报怨”

好人应做到什么份上？有人问孔子：该不该以德报怨？孔子回答：“何以报德？以直报怨，以德报德。”

孔子的话很有分寸。如果以德报怨，好人不成“贱骨头”了吗？如果提倡“以怨报怨”，那“冤冤相报何时了”？

以直报怨，引进了“是非”标准。“无是非恩怨”，应该宽容，“有是非恩怨”，就不能再以德报怨了。

所谓“直”者，是提倡坚守正确原则，提倡“以是对非”，决不“以非对非”。你造我的谣，我不会反过来造你的谣。过去在政治运动中，你昧着良心揭发我，当你挨整的时候，我不会如法炮制昧着良心揭发你，甚至还会帮助你澄清。

小人用不正当的手段整了君子，君子难道应该降到小人的水平，也用不正当的手段去整对方吗？王明实际掌握了中共中央领导权的时候，对毛泽东残酷斗争，无情打击。到了延安整风，毛泽东提出了“团结—批评—团结”，主张把王明选进中央委员会。这就是以是对非，而不是以非对非。

173）爱和害

爱和害只有一步之遥。

失去理智的爱是溺爱，溺爱就是害。

还有一种爱是用爱的手段去害，这就是“捧杀”。

顺情说好话，你喜欢什么就说什么，用好话编织一个你希望的世界，当你不明白这是个不存在的世界的时候，你就开始倒霉了。

他们把你捧上天，目的是把你当成大旗或虎皮。他们爱你是为了用你，你若不清醒，也就真正成了一块布或一张皮。

174）宣布无济于事

有些事情既然从未宣布开始，也就无须宣布结束。

有些事情宣布开始并不能就开始，或者并不是开始。

有些事情宣布结束并不能就结束，或者并非结束。

在感情领域尤其如此。

175）大直若油

耿直和油滑是对立的。但正像大智若愚，也有“大直若油”。

一者是品质上的怀疑。人家都那么油，你就那样直吗？一定还有更油滑的目的在后头。

一者是方法论上的必然。直者是面对现实的，但现实是辩证的，多侧面的，辩证和多侧面，也会给人以油滑的感觉。

176）各种朋友

朋友有真假，

朋友有多样。

把给予你当成他本分的，是真正的朋友；

把给予你当成他快乐的，是永远的朋友；

把给予你当成他牺牲的，是暂时的朋友；

把给予你当成他痛苦的，是虚假的朋友；

把给予你当成他投资的，是危险的朋友。

朋友越多越好，但应该知道他是什么样的朋友。

177）友好不是万能的

对人应该友好，但并不是说对所有的人都应该友好，也不是说对所有的人都可以一直友好下去。

有些人不懂友好，

有些人不会友好，

有些人不愿友好，

有些人害怕友好，一辈子也没有无话不谈的朋友。

178）不同蠢蛋生真气

“宁可同明白人打场架，不愿与糊涂人说句话。”

如果与蠢蛋生真气，你自己不也成了蠢蛋了吗？

179）分格要求人

对别人的要求要分格：

有的放在最理想的格上——这是对崇拜者的要求；

有的放在最完美的格上——这是对恋爱者的要求；

有的放在能够知心的格上——这是对朋友的要求；

有的放在可以合作的格上——这是对一般同事的要求；

有的放在无所谓的格上——这是对路人的要求；

有的放在等外的格上——这是对不三不四的人应有的准备。

把人放错了格，就会对别人提出不恰当的要求，自己也会产生不必要的烦恼。

难道你可以要求一般同事像你的爱人一样爱你吗？

许多情况下，不是别人不对，而是自己放的格不对，需要降格以求。

180）用对方听得懂的语言说话

与人交往离不开交流，交流要用对方能够听得懂并愿意听的语言说话。

“对牛弹琴”不是牛的错，是弹琴人的错。

对于战争狂人如希特勒之流，你讲正义有什么用？只能用正义的战争同他说话。

对于罪犯，你跟他讲道德、讲自律有什么用？只能用审判和监禁同他说话。

对于经商的人，你跟他讲“君子喻于义，小人喻于利”有什么用？只能用利益同他说话。

对于没有良心的人，你跟他讲良心，他会问你：“良心多少钱一斤？”

对于不懂是非的人，你跟他讲是非有用吗？他的字典里根本没有是非好歹这些字眼。

待人的原则应是：他吃什么，你给什么。

有的人吃软的，爱听好话，你表扬他，他就可以玩命干。

有的人吃硬的，只听横话，你批评他，他才能觉醒。

有的人软硬不吃，好话坏话都没用，等给了处分，他才傻眼了。

有的人处分也没用，杀打不怕，那只有监狱能收容他了。

于是，社会准备了各种“话”，有表扬，有批评，有处分，有判刑。为了把这些“话”分别说好，就要有制度、道德、纪律、法制、枪炮、国家。

正确判断对方吃什么，是正确待人的第一步。

181）见什么人说什么话

“见什么人，说什么话”，似乎有批评一个人见风使舵、没有原则的意思。

但除去这层意思，从与人交往的方式来讲，就应该这样。你对农民讲话，说的都是文词、字话，行吗？你对学者说的都是外行话，一点学术气息也没有，行吗？

其实，还应该有一个要求："什么场合，说什么话。"在严肃场合讲轻浮笑话，在联欢会上作理论报告，都是不妥的。

讲话不能光靠热情，也不能光靠学问，要看对象，目中有人，要分场合，心中有数，这是基本要求。

182）好人的误区

好人的误区常为"有恃无恐"，所恃者何也？好心也。我一心为工作，一心为他人，怕什么？由于"有恃无恐"，做事说话就容易不讲方式方法。

"好心"人们可能看不见，"坏方法"人们却可以直接感受到。不好的方式方法往往造成事与愿违的后果。好人应醒悟。

好人所犯的错误可能比坏人还多。坏人若只是目的不对，但方式方法很讲究，那错误便只有一个。好人则容易在方式方法上犯一系列的错误而不纠正。所以，坏人的机会是好人给留下的。

183）良药未必苦口

"良药苦口利于病，忠言逆耳利于行。"

有的人把"良药苦口"加以引申，认为"不苦口就不是良药"。

结果良药的标准不是治病而成了苦口。

若把“忠言逆耳”也这样进行引申，就给了人一种错误的导向，好像给别人提意见，说话必须难听，越难听越正确，越解决问题。这就把人际关系搞坏了。

“良药苦口，忠言逆耳”是对听意见的人的忠告，提意见的人应该遵循的原则是：“良药未必非苦口，爽耳忠言更利行。”

中医的汤药都改成胶囊了，为什么你就不能把话讲得更中听些呢?

184）不求赞扬

“好孩子是夸出来的。”学生的进步往往是老师和家长善于鼓励赞扬的结果。但你不可能永远是孩子。

进入社会，得到的赞扬会变少。干得好也未必获得赞扬。同一级别的人，为什么要通过赞扬给你加分？领导认为你还有潜力需要挖掘，担心过多赞扬会让你失去前进的动力。如果你干得不错，甚至得到了提拔，人们更不会赞扬你，你已经得到了这么多，干吗还要给你锦上添花?

原来靠赞扬前进，现在赞扬少了，你或许会觉得周围人冷漠。但你也应当明白，之所以有这种感觉，更多是因为你自己期望的不当。

185）从赞扬中解放

不刻意追求别人赞扬是一种解放。

要看破赞扬。赞扬也有多种：有真心的赞扬，有顺水人情的赞扬，也有口是心非的赞扬。赞扬未必都有价值，都有用，都那么重要。

赞扬与否是别人决定的，众人对同一件事的看法往往又是有分歧的，刻意追求赞扬是被动的，甚至会陷入哗众取宠的泥坑。

做出实绩才是自己能决定的。将主动权掌握在自己手里，就是一种解放。

186）学会赞扬

赞扬别人是尊重别人，肯定别人。

赞扬是团结的黏合剂。

赞扬又难又不难。只需少点狭隘多点宽容。

要学会赞扬别人，学会真心赞扬别人，学会恰当赞扬别人。

要学会赞扬同级，学会赞扬上级，学会赞扬下级。

聪明的领导总是赞扬下级，糊涂的领导总是让下级赞扬自己。

187）会团结是大本事

会工作，是本事，但只关系到一个人的贡献。

会团结，是更大的本事，因为可以使更多人一起做贡献。

会团结比会工作更难。独善其身，明哲保身，还不是高标准。

众人拾柴火焰高，一花引来百花开，才是高标准。

188）注意对手

在诸多的人中，最应引起你注意的是你的“对手”。

什么是对手？能够形成对等竞争关系的人，才是对手。

有“同辈人的嫉妒”的说法。同辈人情况差不多，有攀比的条件和根据，因此往往彼此嫉妒。

其实，更多的是“同层人的嫉妒”。即使是同辈，但如果能力与你相差很多，实际上也不会成为你的对手。即使不是同辈，但如果所处层次相同，能力相近，也很可能成为你的对手。

不必惧怕与你正当竞争的对手，但要警惕使用不正当竞争手段的对手，因为他们在你奔跑的时候，可能往你脚下扔石头，扔香蕉皮，甚至联合他们的伙伴偷偷拉起绊马索。

189）顶头上司很重要

有一个什么样的顶头上司很关键。在体制内尤其如此。

年轻人刚刚参加工作不懂世事，应该从懂得这一点开始。

如果对好的顶头上司不感恩，一方面是因为缺少比较，另一方面是因为缺少良心。

190）对领导不要有偏见

把领导看得过于神圣，仿佛领导说的一切都是对的，必须唯唯诺诺，这不对。

把领导看得过于无能，仿佛领导说的都是不对的，都是在玩权术，也不对。

两种观点，无论哪一种都是偏见。

有这些偏见的人，可能是出于无知，而制造、宣扬和利用这些偏见的人，则另有他图。他们用第二种偏见去打倒别人的领导，用第一种偏见来树立自己的领导。

“保皇派”是为自己。

“造反派”也是为自己。

191）傲上不等于有本事

有本事的人，有时会“傲上”，甚至会“犯上”，但“傲上”和“犯上”并不等于有本事。这个定理不能反过来。

有的人总爱宣扬自己如何“傲上”，其目的只是标榜自己的本事和胆量，但在实际生活中并不见得就是如此。

192）被领导者眼中的领导

不重视领导，不尊重领导，绝不是小的疏忽；重视领导，尊重领导，是一个好的被领导者应有的素质。

但对待领导的具体态度也应视具体情况而定。

不能只因为领导是领导就亲近他，也不能只因为领导是领导就疏远他；不能只因为怕别人说“拍马屁”就不敢支持领导的工作，也不能只因为领导是领导就千方百计逢迎他。

对领导的正确态度应是不卑不亢。领导做对了便加以支持，做错了便及时指正，应该有所区别。如何正确区别，则是被领导者的最大学问。

193）领导眼中的被领导者

领导衡量被领导者有三个标准：

第一个标准，不服从领导的被领导者，不管是直接对抗，还是阳奉阴违，都不是好的被领导者。

第二个标准，服从领导，认真执行和落实领导的意图，领导在或不在，他都一个样，这是合格的被领导者。

第三个标准，能够领导领导的被领导者是好的被领导者。这是个绕口令。用不绕口的话说就是：能够领导上级的下级是好下级。

194）下级何以领导上级

上级领导下级，下级服从上级，是组织原则。

但从认识论的角度看，往往是反过来的。越往下越接近实际，越能够真实全面地了解实际情况，用通俗的话说叫“接地气”，正确的领导决策都是接地气的结果。善于发挥下级领导上级作用的领导是英明的领导。

人民公社是贯彻领导意图的产物，结果失败了。包产到户是农民的创造，中央开始时反对，但最后还是依了农民的意见，农村的改革成功了。在这点上，农民领导了党中央。

“从群众中来，到群众中去”，先是由下往上，而后才是由上往下，这个顺序不可颠倒。

思维篇

195）用思维看世界

每个人好像都是通过自己的眼睛看世界。

但其实每个人都是在用自己的思维看世界。

不同的肉眼看到的世界区别不大，不同的思维看到的世界却大不相同。

196）思路决定出路

思维决定思路，

思路决定出路。

197）两种思维

形象思维，靠形象变换演绎思维。这是文学和艺术工作主要运用的思维。

逻辑思维，靠逻辑推理演绎思维。这是理论和研究工作主要运用的思维。

一个人要学会运用这两种思维，并把它们结合起来。

一些人形象思维更发达，一些人逻辑思维更发达，这决定了他们分别适合什么职业、什么工作、什么岗位。

198）四层思维

感性思维，处于感性阶段的思维，是现象范畴的思维；

理性思维，处于理性阶段的思维，是本质范畴的思维；

悟性思维，具有本能特点的思维，靠自身素质而获得；

灵性思维，具有创造特点的思维，靠忽发奇想而获得。

感性思维主要是敏锐度和准确度的问题。感受不到或感受偏斜，都会出麻烦。

理性思维主要是深刻性和全面性的问题。把握不住大的框架，抓不住本质，都会出麻烦。

悟性思维和灵性思维都是宝贵财富。悟性思维需要自我发现，灵性思维需要及时抓住。

199）智慧是思维精华

思维不等于智慧。人人都有思维，但不是人人都有智慧。

智慧是正确思维的结晶、精华，是思维之花、思维之果，是思维活动的最高境界。

200）智慧是思维能力

智商不等于智慧。智商是先天的，是聪明的程度。有聪明无智慧者大有人在。“聪明反被聪明误”说的就是这种人。

知识不等于智慧。知识是智慧的营养，不是智慧本身。“知识就是力量”是有条件的，知识要转化为智慧，才有力量；若知识不能转化为智慧，顶多算个“书呆子”。“傻得像博士似的”，说的就是这种人。

智慧是解决实际问题的高超的思维能力。离开解决实际问题，就无所谓智慧。

智商高的人不要翘尾巴，知识多的人不要自以为是，不要把具备智慧的好条件变成了坏事。

201）愚蠢最可怕

愚蠢最可怕，愚蠢的人不仅不知道什么是对的，更常常把错的当成对的。

“庸医杀人不用刀”，庸医之可怕在于把错的药方当成对的药方让病人服用。这种现象不仅会发生在医疗界，在经济界、文化界、政治界也不少见。

最大的悲剧莫过于儿子喝了慈母误进的错药。庸医是愚蠢的，相信庸医的母亲更是愚蠢的。至今仍有一些人相信那些所谓的“神医”，他们不愿意改变自己的愚蠢。

曹操杀了华佗，消灭了他的肉体。华佗的妻子认为华佗被杀是行医惹的祸，一气之下，烧了华佗的几乎全部著作，她的罪过甚于曹操，因为曹操消灭了华佗的肉体，而她消灭了华佗的精神。为什么会这样？就是因为愚蠢。

202）智慧超越唯物和唯心

从学说和学派上说，唯物和唯心是对立的。

但在实际生活中，唯物和唯心并不总是敌人，它们常常是朋友。是智慧使它们携起手来。

实证科学是唯物主义的智慧，它推动了生产力的发展，造福社会、造福人类。宗教是唯心主义的智慧，它巧妙地解释了人生的种种疑惑，所以世界上有许多人信仰宗教。大科学家爱因斯坦信仰基督教，唯物和唯心在一个人头脑里并存和携手，并不是特例。

辩证唯物主义弥补了机械唯物主义的缺陷。

203）大智慧和小智慧

能够解决全局性、长期性问题的智慧是大智慧；

能够解决局部性、个别性问题的智慧是小智慧。

大道理管小道理，大智慧统辖小智慧。但小智慧有更多的直接现实性，更能立竿见影，所以有独特的诱惑力。

实用主义认为有用即真理，它强调的是小智慧。马克思主义批判它是唯心主义。其实，实用主义是唯物主义和唯心主义的混合体，它是大道理上的唯心主义，小道理上的唯物主义。所以，有许多人信奉实用主义。

大智慧和小智慧的统一才是完整的智慧。

204）思维和主义

如何思维可以归结为主义，但思维不等于主义。

人的思维总是唯物思维和唯心思维并存的。反映客观事物的思维是唯物思维，表达主观判断的思维是唯心思维。唯心主义者也有唯物思维，不然他就不能生活；唯物主义者也有唯心思维，因为他对客观事物的认识中，常常有唯心的成分。

我们推崇的“理想”，也常常有唯心的成分。革命时期，社会主义是理想，但当革命胜利后，人们发现社会主义与原来想象的并不一样。几乎所有的理想都是如此。以唯物思维为主导的理想我们称之为“理想”，以唯心思维为主导的理想，我们称之为“空想”或“幻想”。

思维不等于主义。正确的主义能帮助人们正确处理两种思维的关系。信奉唯物主义的人，虽然也有唯心思维，但当其与唯物思维发生矛盾的时候，他会自觉地服从唯物思维，放弃或修正唯心思维。1978年真理标准大讨论，再次明确“实践是检验真理的唯一标准”，做的就是这样的事。

205）骄傲的人是倒立的

只有倒立的人可以骄傲地说：“天空被我踩在脚下了！”

骄傲是思维倒立的结果。

206）概念不是生活

生活中有许多概念。概念来自生活，但概念不是生活。

概念应服务于生活，可以用概念去注解生活，但不能让生活服从概念。

要生活在实际生活之中，不要生活在抽象概念之中。

207）思维的能力在于跨度

从横向来说，思维像桥梁，它的跨度越大，它的能力便越强。这种跨度包括相同事物之间的跨度，也包括不同事物之间的跨度。

从纵向来说，思维像钻探机，它的能力是穿透不同岩层的能力，穿透不同岩层越多，钻探越深，它的能力就越强。

从综合来说，思维像反应堆，它的能力表现在它能够开发出巨大的原子能量。

不能只会在一个区域思考，不能只会在一个层次思考，不能只会平推式地思考。

208）思维病诊断

病症之一：唯上。

上级说的都是对的，

上级没说的都是不能做的。

病症之二：唯书。

书上写的都是对的，

书上没写的都是不可信的。

病症之三：唯安。

不越雷池一步，

万无一失才干。

病症之四：唯偏。

偏激才是真理，

全面必定中庸。

病症之五：唯全。

对干事者求全责备，

对挑剔者无限宽容。

病症之六：唯幻。

追求于万无一失的空洞，

沉溺于完美无缺的幻想。

病症之七：唯表。

宁可相信华丽无当的包装，

不愿承认货真价实的内容。

病症之八：唯说。

将流行说法当定律，

不再深究其真伪。

病症之九：唯二。

只承认一分为二，

不承认一分为三。

病症之十：唯纯。

崇尚绝对纯洁，

杜绝一切异己。

每个人都应查一查自己患有哪种病。

209）莫把经验变牢笼

经验是宝贵的东西，“事非经过不知难”，任何东西都不能替代自己的经验。

但经验可能在不知不觉中成为自己的牢笼。当经验已经成为判断新事物的定式的时候，当它成为一种先验的标准和框子的时候，它就成了牢笼。

年纪大的人思想为什么容易僵化？因为他有足够多的经历，有足够多的经验，有足够多的标准和框子，对于任何问题都可以拿出现成的答案。当新事物出现在他面前的时候，他会胸有成竹地说：“这不就是我说过的那个问题吗？”经验成了他们的牢笼。

210）模糊是一种智慧

思维需要明晰，最怕的是“一脑袋糨糊”。但思维并不排斥模糊，有时，用模糊思维能够对事物做出恰如其分、恰到好处的概括，表现出人类思维的巨大能动性。

有人认为机器人可能超越人类、主宰人类，这是一个不可能实现的幻想。原因有两条：第一条，机器人的本事都是别人给的，不是自己创造的，而人的本事都是自己给的，都是自己创造的。第二条，机器人只会靠清晰的定量的指令运行，而人则可以用模糊的概念思维。

如果让一个机器人到火车站接人，我们下的指令是："请你接一个高个子、黑脸膛、穿蓝色西服、用东北口音说话的人。"再高级的机器人也接不到，因为这些模糊概念它听不懂。但派任何一个中学生去他都能完成这个任务，因为他可以用这些模糊概念进行思维。

任何事物都是量和质的统一，量有幅度，质有界限。比如水，零度成冰，100 度以上成汽。当我们用"水"这一概念的时候，就模糊掉了它在 1—100 度之间的温度定量，而只选取了液态水的定性。在许多情况下，有这种定性就足够了，无须再确定它的具体温度。任何概括性的概念，都是定性的概念，而忽略了种种不同的具体情况。我们常说"好人好报，恶人恶报"，"好人""好报""恶人""恶报"都是模糊概念，并没有说明是什么样的好和恶。有了模糊，才有抽象，有了抽象，人类才能进行高级的思维活动。人类能够用模糊概念进行思维，进行推理，进行判断，这是比任何机器都高明的地方。人的大部分思维是靠模糊思维运行的，人的大部分思维成果是用模糊概念表达的，社会科学更是如此。

211）模糊的内涵

模糊不是糊涂，它的内涵应该包括：

模糊是一种求实。在对一个事物还没有彻底认识清楚的时候，根据现在的认识水平加以概括，是一种求实。"模棱两可"，如果不是来自主观态度的不认真，而是来自对事物认识程度的尊重，认识多少说多少，那是值得肯定的。

模糊是一种概括。人对客观事物的认识需要概括，概括一定需要模糊。所有的概括都是“取其大而略其小，定其性而略其量”的。“好”是一种概括，它是模糊的，因为我们没有办法明确界定什么是好。“多”也是一种概括，它是模糊的，因为我们没有办法明确界定多少是多。不允许用模糊概念，人们将无法说话，更不要说概括理论了。

模糊是一种适应。所谓适应就是对客观事物的匹配和对应。模糊的三种品格决定了它具有很强的适应性。一种品格是明确中包含着不明确；一种品格是排他性中包含着包容性；一种品格是稳定性中包含着创新性。

模糊是一种防守。有时候，越准确越不准确，越追求准确，错误的可能性就越大。说“三尺一寸三分”容易错，说“三尺多”就不容易错，模糊直接放弃了量的准确指标，便使你无懈可击。

模糊是一种包容。模糊容纳多样，模糊留有余地，因而模糊孵化创造。有人曾反对“名牌”这个概念，认为它模糊不清。其实这正是它的好处，由于它的模糊，容纳了众多人的参与和众多类型的创造，品牌的作用于是发挥出来了。“好人”是个模糊概念，它可以涵盖“全国劳动模范”“全国三八红旗手”等多种明确概念，也可以涵盖科学家、艺术家等概念。所以，人们更多地使用这个模糊概念，教育大家要“做好人”，如此可以促使每个人向适合自己的方向发展。

模糊是一种尊重。对别人不是事无巨细、唠唠叨叨，而是尊重对方，点到为止。对聪明的人说话可以模糊一些，对一个即将出门的人，说一句“一路平安”就够了，只有不放心的妈妈才会交代没完。

模糊是一种溶剂。越是模糊的东西，越是能够融入更多东西。诗歌是模糊的文字，特别是朦胧诗，其魅力在于读者可以把自己的许多主观的感受加进去。诗歌于是成了溶剂。音乐为什么有那么大的感染力呢？因为音乐的抽象性带来了模糊性，由模糊性带来了更强的溶解性。音乐的抽象性和模糊性可以使人们在欣赏音乐的时候更方便地把自己的情感溶解进去。这就是音乐的魅力所在。

模糊是一种艺术。先要认识模糊才能进而运用模糊。该模糊的地方模糊，不该模糊的地方不模糊；该模糊的时候模糊，不该模糊的时候不模糊，这是成熟的表现。

模糊是一种突出。模糊掉不重要的，重要的就突显出来了。在摄影艺术中，把背景搞得很模糊，人物就更突出了。

模糊是一种心态。“难得糊涂”不等于“难得模糊”，但常常离不开“难得模糊”。

212）模糊容纳经验

人的体验、人的经验、人的技能，大都以模糊的状态储存和运用。于是复杂的事情变得简单。

一辆汽车在狭窄的街道掉头，用最高级的计算机通过运算来进行，至少需要几个小时，但熟练的司机，凭经验，不凭计算，半分钟就够了。

工程师搞设计必须通过计算，熟练技工的技术动作也可以分解为数字，但技工操作时只凭经验，并不凭数字。

许多政治、经济、社会等方面的问题，光凭数字并不能做出准确的判断，这时，政治家、经济学家、社会学家的经验就变得十分重要。他们靠模糊概念进行思维。

213）认识自己最难

自己的眼睛看不见自己，认识自己最难。

借助镜子可以看见自己的相貌，但如果镜子发生了变形呢？如果不能常照镜子呢？而且镜子照不见一个人的思想和品质。

看别人，想自己，可能是认识自己的重要方法。自己和什么样的人相近，自己的言行会对别人造成什么样的影响，看这些，大体可以知道自己是一个怎样的人。但如果眼力有毛病呢？如果戴着有色眼镜呢？

别人的评价可能是认识自己的根据。但如果别人不够客观、有所成见或偏见呢？

似乎找不到认识自己的最可靠的方法。所以，最好的办法就是不要盲目地自以为是，应重视实践的检验。

214）人类认识自己最浅

生命是宇宙中最复杂的奥秘。人是最高级的生命体。

自然和社会结合是最复杂的奥秘。人是自然和社会的结合体。

物质和精神结合是最复杂的奥秘。人是物质和精神的结合体。

情感和理性结合是最复杂的奥秘。人是情感和理性的结合体。

共性和个性结合是最复杂的奥秘。人是共性和个性的结合体。

五大奥秘集于一身，人类最不容易认识的其实是自己。

215）树立历史观最重要

子在川上曰："逝者如斯夫，不舍昼夜！"

孔夫子讲的是历史，他认为时光就像大河一样不分昼夜地流着。一个人，只能在一个季节，一个河段，到河里游泳，很难完整认识这条河。因生命之短暂和视野之狭小，树立历史观极难。

不懂历史，就不能给现在定位。不懂历史，你就不知道现存的事物和观念来自哪里。不懂历史，你就不知道现在的美好是对过去的什么而言的。

不懂历史，就看不清未来的方向。未来向哪里走，从来都是社会争论的焦点。最佳的答案并不来自抽象理论的论证，而是来自历史。最终判卷的也是历史。离开历史作种种假设，再用这些假设去判断是非，是最害人的思维方法。

历史为什么是最高的？因为它是已经变成现实的实践结果。

心理篇

216）心态是心理的表现

每个人都有心理活动。它牵动着心情和心理，表现为不同的心态。紧张和放松，高兴和烦恼，兴奋和懈怠，都是心态。

对一个人来说，最重要的就是保持健康向上的乐观心态，消除消极颓废的悲观心态。

有了好的心态，才有事业上的积极追求，才有幸福生活。

217）良好的心态是动力

良好的心态是动力。

没有良好的心态，根本不想动脑筋，有什么智慧可言？根本不想做事，有什么努力可言？

老百姓说：“不怕背幸，就怕乱性。”乱性就是没心气了。什么心气都没有了，你还能干什么？

218）要避免的是心累

人生有三累：体累、脑累、心累。

体累不伤人，身体再累，休息休息，洗个澡，就不累了。

脑累也不伤人，脑子想事情想得很累，散散步，聊聊天，进行一些体育运动，脑子就可以休息过来了。

心累最伤人。中国的心累这个词用得很好，它就是指心感到累。身体累、脑子累，都不同于心累。心累是动感情的，是调动和影响你全身内外肌体和神经的。心累伤人还因为一旦发生心累往往难以排解。

人最要避免的是心累。

219）最令人敬畏的人

在顺利、成功的时候，要有一个良好的心态；在挫折、失败的时候，仍然要有一个良好的心态。

最令人敬畏的人不是成功的人，而是任何时候都能够保持良好心态的人。这样的人不仅是坚强的，而且是不会倒下的。对这种人，朋友感到佩服，敌人感到害怕。

220）人生如登山

登小山，飘飘然。因为他眼前是一片空阔的平地，平地和山头的高度反差很大，他感觉我站得真高啊，于是飘飘然起来了。

登大山，茫茫然。进一步向上攀登，平地看不见了，眼前都是一个一个山头，山头和山头之间的高度反差没有那么大，他感到有些奇怪，怎么越登越低了？于是，他茫茫然起来了。

登深山，惶惶然。再向上登，进入了深山老林，人迹罕至，他感到有些恐惧，里面有没有伤人的野兽？回程的路能不能找到？于是，他惶惶然起来了。

一个人的心理状况可以反映出他走到人生之路的哪个阶段了。当他飘飘然的时候，是在小山上；当他茫茫然的时候，是在大山上；当他惶惶然的时候，是在深山里。

一个人是谦虚谨慎还是骄傲轻率，是一个人心理的反映。其心理状况和他的人生经历有关。

221）思维病能变成心理病

思维病不一定是心理病，但思维病可能导致心理病。一旦成为心理病，就难治了。思维病可以通过讲道理治愈，心理病就没有这么简单了，得这种病的人往往讳疾忌医，有很强的抗药性。

“秃子怕说亮”，这种心理病的形成是人们长期用“亮”讽刺他的结果。“过分自尊”，是曾经长期处于被人看不起的境遇中的结果。

用正确的思维分析自己的经历，可以形成健康的心理；用错误的思维看待自己的经历，则会形成病态的心理。“一朝被蛇咬，十年怕井绳”，这是一种过分的无端的脆弱的心理。这种心理的形成与他的思维有关，是他没有能够用思维把被蛇咬的原因及蛇和井绳的区别搞清楚，理性认识被一时的直观感受所吞没，并一直延续下来。

必须防止思维病转化为心理病。

222）利益心理

“心理利益”和“实际利益”往往是不重合的。

从心理角度看：

已经得到的利益不是利益，没有得到的利益才是利益。当了处长，处长不是利益，没有当上的局长才是利益。

虽然得到的利益不是利益，但这个利益失掉的时候，又是利益。当了处长不是利益，但若免去你的处长，处长便又成了利益。

自己的利益不是利益，别人的利益才是利益。只看贼吃肉，不看贼挨打。

大家都得到的利益不是利益，自己特殊得到的利益才是利益。都一样涨工资，好像并不值得高兴，大家都没涨，我涨了，才高兴。

旧体制，大锅饭，为什么生活质量提高了还不高兴？因为制度和政策是违背心理利益规律的。只有得到的利益，没有失去的利益，只有共同的利益，没有特殊的利益，因此永远不可能有心理利益的满足。

223）敏感心理

人的敏感心理往往是有失偏颇的，人总是对别人的利益、好处敏感，对自己的缺失、难处敏感。于是便有了这山望着那山高。

敏感心理往往是失度的，人常在自己的敏感点上，对外界做出过度的反应。

敏感点是由经历和素质形成的。“杯弓蛇影”式的敏感，是因为分辨力低下；“风声鹤唳”式的敏感，是因为缺乏自信；“秃子怕说亮”的敏感，是因为缺陷形成的忌讳。

麻木不仁和敏感过度都是心理病。要查一查病因，加以治疗。

224）“三然”心态

想事超然，

做事毅然，

成事天然。

想事超然。思考事情时应打破自我和小圈子的利益和视野的局限。超然才能客观，才能洒脱。洒脱是一种良好的心态。

做事毅然。做事时不能走走停停、进进退退。毅然才能坚持不懈、持之以恒，毅然才能驱逐犹豫不决、举棋不定的烦恼心态。

成事天然。人们做事都追求成功，但究竟成不成，自己只能负一半责任，老天爷还要负一半责任，有时还是一多半责任。这样想，压力就没有那么大了。

225）沉住气

做事要沉得住气。像游泳一样，谁憋的气长，谁就游得远。

能否沉得住气，在于是否做好了必要的思想准备。

成就和艰辛是对等的，成就越大，艰辛就越多。遇到艰辛你必须沉得住气。

胜利和风险是对等的，胜利越大，风险就越大。遇到风险你必须沉得住气。

成就和艰辛，胜利和风险，两者之间是有时间差的。艰辛和风险总会先光顾你，而成就和胜利却似乎遥遥无期，而且没有人告诉你它们会在什么时候到来。

泰山崩于前而无动于色，乃大将风度。

诽谤绕于耳而无动于心，乃大将风度。

既无一丝一毫的懈怠，又无一丝一毫的急躁，

这叫沉得住气。

226）心理承受力

物理的压力是要靠肩膀来承担的，精神的压力是要靠心理来承担的。

“心劲不够”，是说一个人的心理承受能力不够。

战争时期的将军非常值得尊重，他们天天要在生死间徘徊，决策一旦错了，死亡就会降临在自己军队、战士乃至本人的头上。生死之剑天天悬在头上而能够不失去正常心理，仍然拥有敏捷思维，这需要多么强的心理承受力啊！没有足够的心劲，不用说打仗，单是这种压力就把他压垮了。

和平时期的企业家是非常值得人尊敬的。他们虽然不像将军那样天天在生死间徘徊，但他们要天天在成败间徘徊。一个经营决策做出了，能不能成功，谁也不知道，谁也不能给他做保险。如果失败了，多少年的努力就会毁于一旦。企业越大，经营规模越大，这种成败的压力就越大。成败之剑天天悬在头上而能够不失去正常心理，仍然拥

有敏捷思维，这需要多么大的心劲啊！没有足够的心劲，这种精神压力就把他压垮了。

227）怎样看待过得比你好的人

看到别人过得比自己好就一肚子气，

这就是攀比心理。

攀比心理很可怕，有这种心理的人总是能够证明自己现成的结论：自己永远是吃亏的，社会永远是不公平的，他的愤怒、牢骚、消极永远是应该的。

消极的攀比总使自己更消极，消极的攀比是社会的负能量。

228）吃亏心理

怕吃亏是一种防范心理，但缺乏客观标准衡量——你是否真的吃亏了？于是，怕吃亏就变成了一种盲目的“吃亏心理”，有些人总觉得自己是吃亏了，更有人认为没有占到便宜就是吃亏了。

怕吃亏的人很难与之共事，很难与之交友，在商场上也很难与之合作。

吃亏和占便宜是相对的，两者的关系也是复杂的。有时因为实力不同、环境所限，吃亏是难免的。例如和外商合作，人家占有资本优势、技术优势、管理优势，所以人家赚的钱比你多，是难免的。从这个角度看你似乎是吃亏了，但同劳动力无法就业、经济不能很快发展相比，你又是不吃亏的。当然，吃亏也要吃在明处，吃得明白，不要吃哑巴亏、糊涂亏，更不能把吃亏当占便宜。

有些场合无所谓吃亏占便宜，例如朋友之间的交往。

针对怕吃亏的心理，中国有一句很好的俗语："吃亏是福。"

会教育子女的家长总是告诉孩子要能吃亏，不会教育子女的家长总是告诉子女要占便宜。能吃亏的人，许多成了大事；总想占便宜的人，最后大都吃了大亏。

229）甘心做傻子

做了别人不想做的好事，会被人认为是傻子。

好事做多了，就成了楷模。有人把楷模说成傻子。

甘心做傻子，甘心让别人说自己是傻子，以傻子为美、以傻子为乐，就达到了崇高的境界。

230）期望与未必

期望与其说是未来的目标，不如说是一种对未来的向往。

期望会成为一种心理。期望心理是一个多面体。期望越高，动力越大；期望越低，动力越小。但期望最后总要用现实兑现。这时的逻辑就被反过来了，期望越高越难兑现，不能兑现的期望越高，失望越大。

一个政党在用期望调动人们积极性的时候，要注意不要让人们期望值过高；一个人在设计未来的时候，也要注意切莫期望值过高。因为期望未必能成为现实。

期望值过高是危险的心理。

231）期望与机会

期望是满足自身需求的设想，

机会是满足自身需求的条件。

没有机会的期望，永远只是期望，

有了机会的期望，并不都能变成现实。

期望带来的动力超过现实带来的动力，

现实带来的动力无法替代期望带来的动力。

彩票调动了人们对中奖的期望，

获奖总是极少数人的现实并不会让人们不再买彩票。

彩票活动一直存在的支撑就是人们这样的心理。

“彩票心理”很值得研究。

中大奖的极度诱惑和中大奖的极度渺茫，平衡着买彩票人群的心理。彩票对中奖人的考验比对不中奖人的考验大得多。中奖而心理不失衡是困难的。

232）胜利不求同情

胜利与同情无缘。因为同情是送给失败者的礼物。

在你成功之时，在你得意之时，会有人出来赞扬你，这样的赞扬有真心的，也有假意的。但一定不会有人同情你，因为你是被嫉妒的对象，而不是被同情的对象。

在你胜利的时候，你要防止的是自己的骄傲，别人的嫉妒，而不是期待对自己艰苦付出的同情。因为胜利已经给你的付出做出了最好的回报。

233）清高之辩

清高是一种不屈从于世俗，特立独行的心态。

这是中国几千年来在知识分子阶层中形成的一种心态，他们把自己的人格、气节放在第一位，不做势利小人。保持清高心态，可以使他们专注于自己热衷的事业。李白“天子呼来不上船，自言臣是酒中仙”，他已经由清高变得“清狂”。

清高和为官似乎是一对天生的冤家。但清高的结果有好有坏：有的人由于清高，被认为不服从领导，受到批判，影响提拔，因清高得祸；有的人则由于清高，不屑与蝇营狗苟之辈为伍，没有上贪官的贼船，因清高得福。

讨好领导似乎是得到提拔的诀窍，但讨好领导有时就要牺牲清高，这是许多人的纠结所在。

对此有标准答案吗？没有。想走为官之道，你应该放弃一些清高；想保持清高，就不要把当官看得那么重。

234）忘却

忘却是一种思想清除。把该忘却的都忘掉，心里干干净净、轻轻松松，是一件美好的事情。如果一个人把一生经历的事情都牢记不忘，那就太累了，恐怕要累死了。

忘却是一件容易的事情，又是一件不容易的事情。

说它容易，是因为我们每个人都忘记了大量的事情。那些生活琐事，谁能一一记得？那些没有意思的陈芝麻烂谷子，谁还翻腾它？一个人忘掉的事情比记住的事情多得多。

说它不容易，是因为有些事情很难忘掉。那些使你大喜大悲的事情，那些使你生活发生转折的事情，那些成功、露脸的事情，那些失败、丢脸的事情……从来不需要想起，因为从来就不曾忘记。记忆并不以个人的愿望为转移，有的事越是想忘记——“我一定忘掉它！”结果反而记得更牢了。

正是这些难以忘记也不需要想起的记忆，在左右着你的心态。那些痛苦记忆占很大比重的人，常常没有好的心态。

忘记了不该忘记的东西，是不对的；记住了不该记住的东西，也是不对的。想记的记不住，是痛苦的；想忘却忘不了，更是痛苦的。这是一个选择问题，既是心理的初始，又是心理的形成。

除了选择，更重要的是加工。如果能从所有消极的事情里面加工出积极的东西来，不管是什么事情，你都能够把它转化为正能量，这样的记忆和忘却都是正确的。

情感篇

235）情商

“无情并非真君子，多情未必不丈夫。”

一个人不能没有情商。

没有喜怒哀乐的人，还是人吗？

情感内向的人不是没有情感，而是情感不轻易溢于言表。

情感丰富的人不等于缺乏理性，不等于思想肤浅。

情感丰富的人利于交往，利于交友。

情感丰富的人有更强的感召力，动员力。

236）最最宝贵是真情

人生甲子匆匆过，
苦辣酸甜炼童心，
喜怒哀乐皆缘事，
最最宝贵是真情。

（1997年59岁生日聚会所作）

237）真情如真金

真金最宝贵，真金不怕火炼。

真情最宝贵，真情历久弥坚。

238）人生和戏剧

“戏演人生”，戏虽是假的，但因它涉及人生的苦辣酸甜，看的人还是会落泪。

“人生如戏”，人生是真的，但充满戏剧性，也让人叹息不已。

“戏演人生”和“人生如戏”，都是指人生和戏剧的相似之处。但它们之间的界限是清楚的，戏剧就是戏剧，人生就是人生。

戏剧中，演员和角色是两个人，演员在戏剧中的言行都是角色的言行。我们称赞好演员会说他演得很像，把一个假的演得像真的一样。生活中，角色和演员是一个人，你演的就是你自己。

如果你能够把“假我”演得像“真我”一样，人们称赞你在生活中也是个“好演员”，那就是对你最严厉的批评了。

239）没有情感也是肤浅

情感领域比理性领域更丰富、更多变，有时甚至更深刻。

没有情感的理性，是肤浅的东西，是别人的东西，是自己没有消化的东西。

情感认识的深刻和深厚不亚于理性认识，许多情感是语言表述不清楚的，也是理性阐述不清楚的。文艺作品歌颂的爱，就是伟大的情感，它包含着多么丰富和深刻的内容啊！

偏于理性可能变得干枯，

偏于情感可能变得脆弱，

但没有情感，必然变得可憎。

情感发自内心并藏于内心，

要理解别人的情感，没有心与心的沟通是不行的。

240）悲伤多于欢乐

欢乐和悲伤是一对奇怪的朋友。

欢乐和悲伤并不像正作用和反作用那样总是相等。

你若仔细观察，就会发现人类所表现出来的忧伤、悲哀、痛苦大大超过兴奋、欢乐、幸福。说幸福得不得了的人很少见，说悲伤得不得了的人比比皆是。

何以如此？

那是因为多数人的期望值总是高于现实，现实永远给他们以失望，使他们痛苦。

那是因为追求的过程是漫长的，追求的道路是曲折的，压力和担忧一直伴随着人们，而成功只是一瞬间的事情，成功的欢乐是短暂的。

那是因为在多数人心中已经获得的利益不再是利益，没有获得的利益才是利益，他们永远渴望着那些还没有获得的利益。

悲伤大于欢乐，这就是生活中的不等式。

面对这个不等式， 我们需要做的是做一个乐天派。

241）精神上的积累和消费

欢乐是精神上的消费，

单纯地高兴一阵并不会带来长进；

痛苦是精神上的积累，

深入思考能够使你懂得更多。

“消费”和“积累”要保持适度平衡。

我们当然不应该拒绝欢乐，但也不应沉溺于欢乐，这样的“消费”过多往往使人流于肤浅，这就是那些生活中的嘻嘻哈哈者。

沉溺于痛苦，往往因为积累过多而过于沉重，这就是生活中那些多愁善感者。

不要沉溺欢乐而肤浅，不要害怕痛苦而不积累。

当你觉得痛苦是一种积累的时候，痛苦也就不那么痛苦了。

242）生死之苦乐

生的欢乐是他人的欢乐，生者是不自知的。

死的痛苦是他人的痛苦，死者是不自知的。

生的欢乐和死的痛苦都是由他人的生死引发的。人对自身，生时不懂，死后无知，谈不上痛苦和欢乐，最多只有对死亡的恐惧。

最大的勇敢是不怕死，

最大的想通是不怕死。

243）成见与情感

成见一旦形成，与其说它是理智，不如说它是情感。成见是用直观情感看待一个人或一件事物，或喜欢，或讨厌。

成见不容易改变，因为它一旦形成就成了不用证明的公理。

成见很容易被激发，成见总是为成见寻求新的证据。

成见几乎等同于偏见，偏见比无知离真理更远。

244）感情用事

不要笼统地说“不要感情用事”。

该感情用事的场合必须感情用事，不该感情用事的场合不能感情用事。对待你的爱人、父母、子女，一点也不感情用事，像对待同事一样，应该吗？可以吗？反过来，对待你的同事，不讲制度，一味感情用事，应该吗？可以吗？

把感情用事和理智办事结合起来，将事情办得合情合理，是应该的，是值得提倡的；把感情用事和理智办事对立起来，或有情无理，或有理无情，都是不应该的，是必须反对的。

245）情感是水

情感是海水，

理智是冰山。

有无冰山的海水，

没有无海水的冰山。

有情感的人未必都有深刻的理性，
但具有深刻理性的人，
大都蕴藏着强烈的情感。
冰山只显露一角，是海水将它托起来。

246）情感是双生子

情感大都是双生子。
爱和恨，
欢乐和痛苦，
钦佩与嫉妒，
愤怒与愉快，
谁也离不开谁。

247）情感的烙印

强烈的情感都会打下深深的烙印。
这个烙印打在性格之上。

248）爱是最伟大的情感

爱可以使世界变得光辉，
爱可以使社会变得美好，
爱可以使他人变得幸福，
爱可以使自己得到满足。

爱的情怀广阔如天地，

爱的抚摩温暖如春风，

爱的慰藉甜蜜如甘泉，

爱的鼓舞振奋如战鼓。

爱是伟大的，

用爱拥抱一切的人是伟大的人。

用爱拥抱世界，拥抱社会，拥抱他人，

用爱拥抱事业，拥抱时间，拥抱生命……

让世界充满爱！

249）不能搞“绑架的爱”

爱很容易被绑架。

以爱的名义绑架别人，于是，爱成了“绑架的爱”。

爱的本质是尊重对方，但“绑架的爱”首先就不承认这个前提，它强迫对方做这做那，不给对方一点自由，而理由就是一条：“因为我爱你！”一条“我爱你”，对方就没有了自由，这和“拿钱来，否则就没有自由”，有什么区别？

很多父母，以“我爱你”为由，剥夺了孩子的自由，要求孩子必须按照他们设计的道路前进，孩子听到的是整天无休止的唠叨。有的孩子竟然被这样的家长逼疯了，而杀了自己的长辈。

很多恋爱者，以“我爱你”为由，剥夺了对方的自由，认为我爱你，你就必须爱我，你如果不爱我，我就可以将你毁容、杀掉或者与你同归于尽。这种“绑架的爱”多么可怕！

他们是爱自己，还是爱别人？

强加几乎等于绑架，以爱的名义绑架同样是绑架，而不是爱。

爱是无罪的，有些人之所以犯了罪，是因为他们的爱不是真正的爱，而是变了质的爱。

250）爱成了害

爱是爱，害是害，似乎绝对对立。但在生活中，有时下力去爱自己爱的人，实际却是下力去害自己爱的人，爱之愈深，害之愈烈。此类事情，比比皆是。

最常见的“爱变害”就是父母对子女的溺爱。

当自己爱的人受到挫折时，你或许会出于爱而变得急躁，由急躁而变成埋怨，变成指责。当对方需要安慰的时候，你却送来了教训；当对方需要朋友的时候，你却当了教师爷。“文革”中有的人在遭受群众批斗的时候很坚强，但回家之后，妻子的埋怨，却促成了他的自杀。因为他在最渴望也认为最可能得到爱的地方，却得到了爱的变种。

当别人以恶毒的语言议论你最爱的人时，你或许会出于爱，原原本本把别人攻击的语言转述给你爱的人，以表示你对他的关爱。于是，你成了坏人的传声筒，你干了坏人想干而干不到的事情，你用最浓烈的毒液腐蚀着你所爱之人的心。愚蠢使忠诚和爱一起变了种。

有的人把一个人说得好得脱离实际，把爱变成了崇拜，把报恩变成了神化，他这样做或许是出于真心实意，但却会招来其他许多人的反感，而他所爱的人会无端地承受这种反感的后果。这是由于目光狭隘而引起的爱的变种。

251）虚假的爱

若爱你不是为了爱你，而是为了利用你，这就是虚假的爱。

顺情说好话，不代表他同意你的意见，而在于他想和你套近乎。

把你说得飘飘忽忽，让你成为“童话世界”和“神话世界”里的主角，实际上是提高你的唬人价值和利用价值，而非对你的真实评价。

拉大旗作虎皮的人，大旗和虎皮都是他的工具。

爱情篇

252）爱情说不清楚

一首歌曲唱道：

“这就是爱，说也说不清楚……

这就是爱，糊里又糊涂。”

如果人类有什么说不清楚的情感，那爱情便是其一。

人们曾经给爱情下过无数个定义：

有人说，爱情就是异性之间相互吸引和动情；

有人说，爱情是彼此强烈的喜欢；

有人说，爱情就是相互无私奉献；

有人说，爱情就是相互巧妙地欺骗。

有人说，爱情就是征服。甲征服了乙，乙爱甲；乙征服了甲，甲爱乙。只有一方的征服，是单相思。甲乙彼此相互征服，于是有了完整的爱。

最好的定义是：爱情就是男女两颗心的共鸣。当你见到对方的时候,你的心跳快起来了吗？是否由于共鸣而震撼了你的全身？如果是，那就是爱了。

其实，探讨爱情的定义是没有多大意义的。因为它本身就是说不清楚的东西，你干吗非要把它说清楚呢？把空间留给每一个人或每一对恋人吧!

253）爱情的内涵

把爱情仅仅理解为“男女之事”是浅薄的。爱情是最激烈的、最搅动人心的情感，有时也是最深沉的情感，人类社会的所有矛盾都从这个最激动人心的情感中反映出来，所以，爱情成了文艺作品的永恒主题。

爱情是人的自然性和社会性的结合，

爱情是人的肉体和灵魂的结合，

爱情是这一代生命和下一代生命的结合，

爱情是生产和消费的结合，

爱情是自身和他人的结合，

爱情是幸福和痛苦的结合，

爱情是相聚和分离的结合，

爱情是喜新和念旧的结合，

爱情是保守和求新的结合，

爱情是物质和文化的结合，

爱情是正确和错误的结合……

把天下的事全装进一男一女的天地，这就是爱情。

254）爱情是美

爱情不属于“真”的范畴。爱情不是科学，不讲真理。

爱情不属于“善”的范畴。道德善举能够激起人们的崇敬，却并不能激发彼此的爱情。爱只是需要不计功利，不违道德。

爱情基本属于“美”的范畴，是内在美和外在美的统一。双方美感互相激发，于是有了爱情。

真和善都会影响爱，但不能决定爱。那些敌我之间的相爱，仇家之间的相爱，贫富之间的相爱，许多不可思议的相爱，都说明了这种美的力量的巨大。

255）世界是两个人的故事

世界上只有两个人，一个男人，一个女人。

世界上必须有两个人，只有一个人，世界就灭亡了。

两个人的关系很微妙。

男人是女人塑造的，女人是男人塑造的。男人在女人身上感到自己的存在，女人在男人身上感到自己的存在。当在彼此的身上已经不能感到自己的存在的时候，他们已经不再是男人和女人，只是“人”而已。

不懂女人的男人，不是健全的男人；不懂男人的女人，不是健全的女人。不懂男人的女人多，还是不懂女人的男人多？在一个国家内，可能同样多。不同国家，懂和不懂的人多少就不同了。

性别是人类最普遍最大量存在的事实，但在中国这样的国家，几千年来，“性”几乎成了“淫荡”的同义语，男女之间的塑造成为禁区，健全的情感被畸形的反抗所代替。所以在文学艺术作品中，我们看到的两个人的故事，多是悲剧性的故事，就不是偶然的了。

新时代如何上演更健康的两个人的故事？

256）爱情是能源

爱情是精神能源。

没有爱情的人会感到能源不足。

一生没有体验过爱情的人，可以说从来就没有在充足的能源下生活过。

爱情能源是“核能源”，能量无限，但要特别注意安全。

257）爱的错位

爱了值得爱而不能爱的对象，

爱了不值得爱的对象还不自知，

如果你真的产生了这种爱，

必须明白这是爱的错位。

那些“爱与不爱”交错的爱，

那些“新爱旧爱”交织的爱，

那些“一时冲动”的爱，

那些“填补空虚”的爱，

如果爱了，都是错位的爱。

258）爱的变形

对越是爱的人，越是不敢对其畅快地说话，甚至故意敬而远之，成了“暖水瓶”和“茶壶里煮饺子”。

对越是爱的人，越不愿意客观冷静地听其说话，老是处在“心不在焉”“心猿意马”的状况。

对两个相爱的人来说，似乎任何分歧都不能容忍，双方追求的都是无差别境界，理性的解释总是被冲动的指责所打断。

越是相爱的人，彼此之间的实际影响力越小，都希望“你听我的”，但实际上是谁也不会听谁的。

爱的变形是经常发生的。

不知不觉中，爱的变形成了爱的杀手。

259）爱从哪里来

爱从哪里来？

爱不是追出来的，也不是求出来的，当然也不是等出来的。

铁镰擦石，爱情的火花是碰出来的。

260）爱的困惑

爱充满了困惑。

当你真正懂得爱的时候，你已经失去了纯真地去爱的资本和机会。所以，世界上难有真正意义上的纯真的爱。

当对方已经不怎么爱你的时候，你才开始觉察到必须找回和珍惜这“失去的天堂”，但天堂的美好已经被你自己破坏了许多。

如果把别人的爱当成“应当”，把对别人的爱当成“恩赐”，爱已经变味了。

最值得同情的是单相思者，这种人一直一厢情愿地想事想人，却从来不愿意面对现实。

261）爱恨同深

有多深的爱，就可能产生多深的恨。

刻骨铭心的爱只有刻骨铭心的恨才能把它冲刷掉。

不爱即为仇的现象屡见不鲜。不仅是因为这些人气量小，更是因为不如此他们就不能放弃和忘记原来的爱。

“和平分手”是一种理想境界和解决矛盾的方法，但并不容易实现。

262）爱得炽热

爱，炽热的爱，是一种非理性的燃烧，它不科学、不理智、偏执、反常。如果一个人的爱变得科学、理智，爱得很冷静，那么，他的爱情之火就行将熄灭了。

爱的艺术就是要让这样的火焰变成火炬，但注意不要引发火灾。

263）爱是负担

越爱越不轻松。

“我给过你爱，给过你欢乐，给过你悲伤和哀愁，但从来没有给过你轻松。因为爱本身就不是轻松的东西。”

爱的实质是寻求精神负担。如果你被这种负担折磨得不可名状，说明你爱过了。追求轻松，只是因为这种负担要长期担下去，需要歇歇脚。

264）爱的语病

“谈恋爱”，难道恋爱是谈出来的吗？

“搞恋爱”，难道恋爱是搞出来的吗？

一位男士，经人介绍，和一位女士见面。双方坐定之后，他宣布说：“好，我们现在开始谈吧。”女方一定会被吓跑。

青年篇

265）青年要注意消化

青年，像一条巨大的鲸鱼，他们要把周围的一切都吞食掉。

他们只是吞食，不咀嚼，更不嚼碎，反正我吞下去了，不管它消化不消化。

人类已有的知识，似乎不够他们这样吞食。于是，他们感到，前人的创造也不过如此，社会上的事情原来这样简单。

谁能填饱他们的肚子？没有人能做到，因为他们只是单纯地吞食。

你最好的办法是向青年人打个招呼：喂，你吞下去的消化了没有？

青年人最容易得消化不良症。

266）青年人的偏颇

喜欢激烈而肤浅的言辞，不喜欢平稳而深刻的内容。

这是青年人最容易发生的偏颇。这是因为他们还不能辨别什么是深刻，什么是肤浅。他们在生活的教科书里还没有学到这一章。

在激烈的言辞之后，往往并没有相应的行动；

在深刻的论证之后，往往是草率的行为。

青年人身上充满了这类反差。他们认为能够把言辞转化为情绪就够了，掀起众人的情绪波澜就是最大的成功。他们认为，全面和深刻因其平稳而不可取。青年人往往由此而拒绝其他人的帮助。

对青年人的激情之火，不要火上浇水，站在对立面将其熄灭，不要做青年人的“棒杀者”； 也不要哗众取宠，火上浇油，以致让火势失控成为火灾，连青年人都烧死烧伤，不要做青年人的“捧杀者”。捧杀者有时更可怕，因为青年人更容易上他们的当。

对青年人最重要的就是引导他们用激情之火去做事。激情只有与务实结合，才会得到恰当把握。煮饭之火应该放在炉灶里，任其遍地行走，就成了烧山之火了。

267）狂妄

创造似乎从狂妄开始，

但狂妄并不就是创造。

青年人常因不懂事而狂妄，

而狂妄会使他们更加不懂事。

有智而无畏，谓之勇敢，

无智而无畏，才是狂妄。

268）青年的长与短

青年人长于发现，短于完善；

青年人长于创造，短于稳妥；

青年人长于进攻，短于防守；

青年人长于幻想，短于实践。

青年人要发挥自己的长处，

也不要忽视自己的短处。

269）青年人容易进入的误区

马克思说，科学的生产和再生产价值相差悬殊。

祖冲之发现圆周率，欧姆发现欧姆定律，都不是一年之功。但是在今天，学生在课堂上，只需要几十分钟就学会了。创造新的学问，学习已有的学问，两者所花费的时间和精力是如此之不同。

正因为如此，科学得以普及，知识得以积累，社会得以进步。正因为如此，教育具有最大的社会效益。

青年人一定要明白，今人学前人的成果，比前人创造时容易得多，并不是前人过于愚笨，也不是今人无比聪明，乃是科学发展的规律所决定的。

青年人要问自己两个问题：前辈创造的知识我继承下来了吗？我为社会增添了什么过去没有过的新东西？能够给第二个问题以满意答案，才是值得骄傲的。

270）向后看和向前看

向后看是看过去，向前看是看未来。

老年人容易向后看，因为过去的岁月已经构成他生活的主体内容。

青年人容易向前看，因为未来的岁月将是他展开生命之旅的诱人所在。

向后看是总结历史，更多的是研究实在；向前看是展望未来，更多地是研究设想。未来是过去的发展，向后看将在很大程度上决定向前看的正确与否。

对于青年人来说，他首先遇到的是这样的问题：怎样看待以前的人、以前的事、以前的成果、以前的失误？之后才谈得上把向后看和向前看结合起来。

271）不要怕被别人低估

青年人最害怕别人低估了自己。

其实，别人高估了你比低估了你更可怕。

你的对手高估了你，他就会把你定为最主要的攻击目标，用超过你的承受力的火力对你发起攻击。本来一挺机枪就够了，他可能调来一个重炮连。

你的朋友高估了你，就会对你有过高的期望，当实际达不到他期望那样时，他不会认为你是“做不到”，而会认为你是“不去做”，因而会对你有怨言。

你的领导高估了你，往往无法对你的成绩给予公正的评价，你费了大力气完成的事情，在他看来不过是你的举手之劳而已。

你的同事高估了你，就很难原谅你的缺点和错误，因为他们认为这些问题不是水平问题，而是品质问题。

你的下级高估了你，就有可能使你处于孤立无援的地位，因为他们认为你已经足够强大，不需要他们的帮助。被别人认为很强的人，很难得到人们的同情。

被别人低估了，可能有被埋没的危险，但是金子总会发光；被别人高估了，将带来多种实际的麻烦。

方法篇

272）九字箴言

“情况明，决心大，方法对。”这是毛泽东说的，可以看作是做事方法的九字箴言。做一切事都应如此。

情况有时是客观情况，有时也包括主观情况，即自我情况。情况明，有三个具体要求：信息全面，有利和不利情况均知道，表象和本质都了解。

“情况不明决心大”，是容易犯的第一个毛病。许多人不知深浅就下水，不懂利害即决策。

“决心不大方法多”，是容易犯的第二个毛病。执行中遇到困难就改主意，就像看病老换大夫一样，药方换了不少，谁的方子都没有吃上一个疗程，结果都不管用。

273）方法是由主观到客观的东西

认识世界是从客观到主观，改造世界则是从主观到客观。即便你是坚定的唯物主义者，你办事的时候，也只能是从主观到客观。

怎样把主观意图变成客观现实呢？这中间的环节就是方法。方法不是客观存在的，是人的主观能动性的体现，离开人的主观能动性就没有什么方法可言。

通过学哲学，我们知道了唯物和唯心的区别，但不要学蠢了。20世纪60年代初曾有过“先有桌子还是先有桌子设计”的讨论。按照机械唯物论，应该是先有桌子这个物件，后有桌子的相关概念。但实际上并不是这样，而是先有桌子的各种元素的概念，例如平面概念、支撑概念，然后才有人把这些元素整合起来，设计出了桌子。做桌子就是一个由设计到实物的过程。所以，应该是先有桌子的设计，后有桌子的实物。设计和制作，都是方法。

274）方法是桥梁

过河需要搭桥。过河是任务，搭桥是方法。只讲任务，不讲方法，任务就是一句空话。

许多人要过河，只论证此岸如何不好，彼岸如何美好，就是不研究如何搭桥，结果落到水里，永远也过不了河。

过河的愿望和目标容易树立，而过河的恰当方法常常是最难找到的。伟大的人物之所以伟大就在于他们能够找到过河的最好方法。毛泽东找到了农村包围城市的革命方法，邓小平找到了渐进式的改革方法，于是革命胜利了，改革成功了。不仅大事如此，万事都如此。只想发财，不研究发财的方法，企业搞不好，个人也富不了，还会落入陷阱。

大讲过河的必要，不研究过河的方法，往往沦为空谈家。

275）方法是个大概念

方法是个大概念。

从功能上分，有基础方法、通用方法、特殊方法；

从手段上分，有实体方法、关系方法、意识方法；

从要素上分，有组合方法、整合方法、融合方法；

从思维上分，有分析方法、综合方法、比较方法；

从层次上分，战略是宏观方法，策略是中观方法，战术是微观方法。

解决大问题要用大方法，解决中问题要用中方法，解决小问题要用小方法。大、中、小方法要形成一个有机的体系。

276）方法是智慧

智慧是解决实际问题的高超的思维能力，

方法是解决实际问题的恰当的行为路径。

“狗咬刺猬下不了嘴”“老虎吃天无处下口”，都是苦于没有方法。

对方法的正确选择是智慧的表现。

有智慧，才能有好方法。选择好方法本身就是一种智慧。

277）好方法的三条标准

好方法有三条标准：

一是匹配性。“兵来将挡，水来土掩”“一把钥匙开一把锁”“解铃还需系铃人”。

二是配套性。治标不等于治本，解决系统性问题需要成套的方法。

三是实操性。设计和选择的方法要能够操作，容易操作。再好的方法如果不能操作，也无法付诸实践。

278）分清轻重缓急也是方法

“没有重点就没有政策。”不分清轻重，眉毛胡子一把抓，无方法可言。

时间是方法的重要元素。不分清缓急，不讲求顺序，不懂得快慢，也无方法可言。

有时快慢即方法。烹饪时，有的菜要大火爆炒，有的菜要小火慢炖，做其他事也如此。

抓住时机，也是重要方法。“一年之计在于春，一日之计在于晨”“人误地一时，地误人一年”“机不可失，时不再来”。

279）善于等待是一种修炼

“急于求成”“急功近利”是一种常见病和多发病。许多糟糕的方法和糟糕的结果由此而生。“心急吃不了热豆腐”，若偏要吃热豆腐，就把食道烫坏了。

有时等待确实是一种熬煎，无明确期限的等待，更是一种熬煎。因为等待成了等待宣判，而且不知道别人会怎样宣判。

把事物发展看成是一个过程，你才会自觉地等待。对于必要的必须的过程，你只有等待。九月怀胎，你非要七月生子，那就只有小产了。

把等待当成必要，当成必要的修炼，才有等待的耐心，才能把等待的过程变成认真观察和积极准备的过程。

一个新上任的领导者，即使再优秀，其权威的树立也需要一个过程。任何成功想被承认，也都需要一个等待的过程。

280）用心和方法

好心，又有好方法，最好；

好心，没有好方法，可叹；

没好心，有好方法，可怕；

没好心，又没有好方法，可憎。

281）方法的最高境界是巧

即使是正确的方法，也可能有上策、中策、下策之分。

方法的最高境界是巧。

“四两拨千斤”“牵牛鼻子”“擒贼先擒王”“万军之中取上将首级”“不战而屈人之兵”，都贵在巧。田忌赛马，胜在运筹之巧。赤壁之战，弱势的孙刘两家，以一个“火”字战胜了曹操八十三万人马，可见方法之巧有多大的威力。

282）方法三要素

方法由三要素组成：依托的手段，运行的模式，进展的路径。三种要素正确选择和有机组合，才能形成好的方法。

马克思有一段经典的话：批判的武器不能代替武器的批判，物质的力量只能靠物质摧毁。但是，理论一旦掌握群众就会变成物质的力量。理论只要有说服力就能掌握群众，理论只要彻底就有说服力。

他把这三个要素都说了。

283）方法的构思

方法的构思有三个节点：点上突破，线上延伸，面上收获。

庖丁解牛时，要先选择从哪一点下刀，再确定刀刃行走的线路，最后，用多条线路的会合把牛解成一块一块的肉。

中国的对外开放也是点、线、面的构思：深圳特区是点的突破，沿海、沿江、沿边开放是线的延伸，而各条线相连接就有了面的整体收获。

284）多谋善断

多谋而善断，获取成功之方法也。

有的人多谋而不善断，优柔寡断，当断不断，反受其乱。

有的人善断而不多谋，独断专行，所断失当，亦受其害。

为什么有人多谋而不善断？不善权衡轻重，不善取舍利弊也。

为什么有人武断而不多谋？过于自信，过于急躁也。

285）充分条件和充分理由

柳传志有“四不干”：有技术，没资本，不干；有资本，没技术，不干；有技术、有资本、没人才，不干；资本、技术、人才都有，不赚钱，不干。他认为，资本、技术、人才、赚钱，全具备了，才是充分条件。

做事要成功，只有必要条件不行，必须有充分条件。必要条件凑齐了，才是充分条件。

我们所说的“机遇”，就是做成某事的充分条件，光有一些必要条件还构不成机遇。

决策要根据充分理由，只有必要理由不行。必要理由凑齐了，才是充分理由。

许多人只想到“必要”，没想到“充分”，因而失败了。

286）协调是大本事

“矛盾是不可调和的”，许多人把这句话误读为“矛盾是不可协调的”。

“斗争是绝对的，统一是相对的”，许多人把哲学的“斗争”概念误读为社会的“对抗”。

“一些阶级胜利了，一些阶级消灭了，这就是历史”，许多人把这句话误读为历史只有在阶级对抗中前进。

这些误读把人类社会引导到危险的道路上。20世纪是人类社会对抗空前激烈的世纪，两次世界大战，无数局部战争，原子弹、氢弹、导弹已经足以毁灭世界多次。还要对抗下去吗?

再不能这样误读下去了。21 世纪应该是协调世纪。矛盾还存在，但应该用协调解决矛盾。许多对抗性矛盾都可以用协调解决，中国解决香港问题就是一个典范。

287）协调的诀窍

协调的诀窍是一个基础三个环节。

协调的基础是“共同利益区”。要善于发现双方和多方的共同利益区。

协调包括三个环节：

第一个环节是沟通，沟通就是了解；

第二个环节是商量，商量就是求同；

第三个环节是妥协，妥协就是存异。

288）认识妥协

妥协不是服从，更不是屈从。

服从和屈从都是不平等的，服从和屈从，一方保持了自我和自我利益，另一方却失去了自我和自我利益。

妥协是双方和多方的相互让步。妥协，双方都保持了自我和一定的自我利益。

善于妥协是政治家、企业家以及一般办事人员都需要的能力。

排斥一切妥协是幼稚病。政治上、工作上、生活中都是如此。

289）利用差别

善于利用差别是重要的方法。

善于利用水位差别，可以建水电站；

善于利用贫富差别，可以引发革命；

善于利用收入差别，可以调动积极性；

善于利用价格差别，可以占领市场。

所谓方法，就是利用差别的方法。

无差别即无政策。

要思考的是：

利用什么差别，才能达到某个目的？

怎样利用差别，才能收到预期效果？

290）舍得

“舍得”看似是一个词，说的是愿意“放弃”或“付出”的一种心态。

但“舍得”其实包含两个词。一个是“舍”，一个是“得”。它的精妙之处在于告诉你，不能舍，不善舍，就不能得，不善得。

人们都追求得，但能否得到的关键常常在于是否乐意舍。

舍弃往往比得到还要难。

舍得是一种人生的智慧。

291）守正出奇

守正出奇，是做事方法应该追求的境界。

“守正”就是坚守正道，不走歪道，遵守事物的客观规律，遵守社会的通行规则。“出奇”就是善出奇招，不落俗套，因特而奇，因新而奇，因妙而奇，因高而奇。文学创作讲求“情理之中，意料之外”，情理之中是为“守正”，“意料之外”是为出奇。

该宽则宽，该严则严，大题大做，小题小做。是为守正。

该宽却严，该严却宽，大题小做，小题大做。是为出奇。

衡量奇不奇，并非“宽严大小”四字所能概括的，凡通常少见，人未料到，即为奇特也。平常说：“这个人不按常理出牌。”此之谓也。

做到守正很难，做到出奇更难，做到守正出奇难上加难。

哲学篇

292）解放哲学

哲学需要解放。

从抽象的思辨中获得解放，从少数哲人走向大众获得解放。

哲学不神秘，生活处处有哲学；哲学不高深，每个人都可以学懂并运用。

当今许多事情说不明白，许多人做不好事情，都是因为缺少哲学的思维和素养。

解放哲学！在哲学中求得思想解放！

293）万物怕时间

谁也离不开时间，谁也拗不过时间。

世界万物都怕时间。时间可以改变一切，时间可以消灭一切。

谁也没有时间那么永恒，

谁也没有时间那么坚定。

谁也不能创造时间，

谁也不能改变时间。

最具弹性的是时间，

最具刚性的也是时间。

不懂得时间就不懂得世界，不懂得社会，

在一定意义上说，不懂得时间就不懂得一切。

294）时间之奥秘

时间是均衡的，总是一秒一秒地走，每秒都是一样的。

时间又是不均衡的，密度大时，有时“一天等于二十年”，密度小时，有时“二十年等于一天”。此处时间与彼处时间不同，“洞中方七日，世上已千年”。

时间是抽象的，你不能看见时间，你也不能摸到时间，谁也找不到时间，并说出它的样子。

但时间又是具体的，它总是无处不在，无时不在，总是和具体事物融合在一起。

时间的抽象性决定了它的均衡性，时间的具体性决定了它的不均衡性。

办事，就必须注意把握时间的具体性和不均衡性。闲来无事，可以聊上大半天时光，抢救病人，必须是分秒必争。

什么是时机？时机就是密度最大的那个时间点。在这个点上的一秒，等于平常的十秒、百秒，十天、百天，乃至十年、百年。“一失足成千古恨”，不懂得时机就不懂得时间。“千钧一发”“千载难逢”“一日之计在于晨”“一年之计在于春”“人误地一时，地误人一年”“机不可失，时不再来”……多少成语格言讲的都是时机。

295）时间是纵向的持续力

空间可以显示横向爆发力，时间则显示纵向持续力。

一个人、一个事物，都具有这两种力，没有这两种力其是不能存在和发展的。

不同的人、不同的事物，这两种力有不同的组合。有的横向爆发力很强，并在很广阔的空间里显示出来，但时间不久它就消失了；有的纵向持续力很强，从空间上看，它的影响可能没有那么大，但它可以穿透历史，历久弥坚。

对革命家来说，空间爆发力是最重要的，因为他要得到“天下”。执政以后，时间穿透力成为主要矛盾，因为政权延续更难。

学者、文学家、艺术家也需要两种力的结合。孔子周游列国，追求的是横向爆发力，他逝世以后，他的学说穿越了中国几千年的历史，表现了纵向的穿透力。许多文学家的作品，本人在世时受到众人追捧，在其身后也成为历代流传的经典，表现出爆发力和穿透力的结合。

具有两种力的成功是伟大的成功，只有一种力的成功，也是成功，但就没有那么伟大了。

历史穿透力有多种表现。秦王朝二世而斩，它的统治没有历史穿透力，但秦王朝造就的统一国度、统一文字、统一度量衡、郡县设置，却具有历史穿透力。

296）方法论不等于认识论

世界观和方法论有一致性，但不等同。

哲学最常用的三个范畴是：相对和绝对，现象和本质，偶然和必然。

世界观是看世界，所以侧重绝对、本质、必然的认识和研究。方法论是改世界，所以侧重相对、现象、偶然的认识和研究。

书呆子的头脑里装满了必然，因为书本上说的都是必然。但实际生活里人们直接看到的都是偶然，很多发生的事情往往无道理可言，让人找不出必然原因。

实践家非常重视偶然，知道怎样应对偶然。

不懂得偶然就不懂得生活，虽然不懂得必然也是不懂得生活。

不懂得必然是不懂得生活的道理。

不懂得偶然是不懂得生活的状态。

不懂得生活状态，便无法做事。

297）真理是两个不是一个

真理是两个不是一个，认为真理只有一个，往往把事情办错。懂得真理是两个，才会把事情办好。

“不吃不拉”是一个真理，“不拉不吃”也是一个真理。两个真理是对立的，但两个都是真理。否认哪一个都不行。人为什么能够活下来？就是因为承认两个真理，并且知道在什么时候用哪一个真理。

社会需要两个真理来支撑。

社会需要按劳分配的工资制度，也需要按需分配的公共服务。

社会需要斤斤计较的收入管理，也需要慷慨给予的慈善。

有的价值可以用金钱衡量，有的价值不能用金钱衡量。

商品是可以卖的，官职是不能卖的。

298）现代人生活在三个世界

世界是三种存在：实体存在、意识存在、关系存在。

于是，现代人生活在三个世界。

首先生活在实体世界。这是以实体形式存在的世界。你不能穿“皇帝新衣”，你不能靠“画饼充饥”，你不能住“空中楼阁”，你不能用“意念移物”。衣食住行都离不开实体。

同时生活在理念世界。这是以意识形式存在的世界。“情人眼里出西施”，美女在他的意识之中。有的人喜欢做“黄粱美梦”，美好在他的幻想之中。有人用理想构筑美好的未来，鼓舞人们前进，宗教即编制了特别的理念世界，解除了许多人的苦恼。

也常常生活在虚拟世界。这是关系形成的世界。虚拟不是虚无，虚拟是一种符号性的存在。符号的状况取决于关系。现代很多有钱人的财富是若干亿元的股票，这些股票的价值是虚拟的，因经济关系的不同，它可以价值连城，也可以等同废纸。

贪污犯把几亿元纸币藏在小屋子里，不能见阳光，他只能在虚拟世界中得到满足，但换来的将是现实世界的惩罚。

懂得三个世界的关系，才懂得现代社会。脚踏实体世界，正用理念世界，巧对虚拟世界，才知道怎样生活。

299）虚拟经济和虚拟世界

因为经济发展，所以有了货币。有了货币，就有了虚拟，随着股票和股市的出现，虚拟经济逐渐成熟。虚拟经济运营的主体是符号，虚拟价值既包含着与相应实体关系形成的“代表价值”，又包含着各种理念形成的“认定价值”。

人们不仅越来越多地涉足虚拟经济，而且越来越多地生活在虚拟世界之中。以互联网和手机为主要载体的现代信息传播体系，使人们可以生活在由信息编制成的虚拟世界之中。许多人满脑子的世界其实都是信息世界，却不自知。

300）面对虚拟

虚拟世界离不开实体世界，但在很大程度上，它又是人们利用实体材料和信息材料按照自己的意愿构建的。社会上的各种主体都在打造和传播自己喜欢的虚拟世界。一个国家、一个政府、一个政党、一个企业、一个人，都在这样做。

许多人整天生活在网络之中，许多人在网上恋爱，在网上受骗，许多人成为整天盯着手机屏幕的“低头族”，许多人任凭碎片化的信息把自己的思维践踏得碎片化……

谁也不能逃避虚拟世界，只能面对虚拟世界。

面对虚拟的原则是：不忘“实”为基础，善解“虚”的奥秘；享受虚拟世界的正能量，防范虚拟世界的副作用。

在日新月异的今天，我要说：人们，年轻的人们，我爱你们，你们可要警惕呀！

图书在版编目（CIP）数据

悟世感言300条／艾丰著．—济南：山东友谊出版社，2017

ISBN 978-7-5516-1362-0

Ⅰ．①悟… Ⅱ．①艾… Ⅲ．①格言－汇编－中国－现代 Ⅳ．①H136.33

中国版本图书馆CIP数据核字(2017)第050560号

主管单位：山东出版传媒股份有限公司
出版发行：山东友谊出版社
地　　址：济南市英雄山路189号　邮政编码：250002
电　　话：出版管理部（0531）82098756
市场营销部（0531）82098035（传真）
印　　刷：山东省东营市新华印刷厂
版　　次：2017年4月第1版
印　　次：2017年4月第1次印刷
规　　格：170mm×240mm
印　　张：11.75
字　　数：120千字
定　　价：38.00元

（如印装质量有问题，请与出版社出版管理部联系调换）